Marketing de bajo presupuesto

for ROOKIES

LID Editorial Empresarial
Sopelana 22, 28023 Madrid (España)
Tel 913729003 - Fax 919728514
info@lideditorial.com
LIDeditorial.com

LID Editorial Mexicana
Homero 109, Despacho 1405
Tel (55) 5255 4883
info@lideditorial.com.mx
LIDeditorial.com.mx

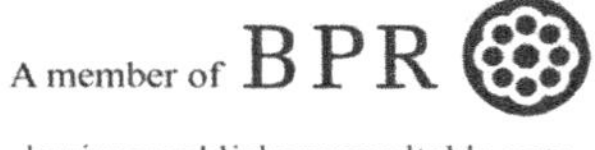

businesspublishersroundtable.com

Impreso en España / Printed in Spain

Editores de la colección: Marcelino Elosua y Matin Liu
Editores: José Antonio Menor y Pom Somkabcharti
Título original: *Low Budget Marketing for Rookies*
Texto original: Karen McCreadie
Traducción: María López Medel
Ilustración: Nuria Aparicio y Joan Guardiet
Corrección: Pablo Martín y Maite Rodríguez Jáñez
Maquetación: ideas@nicandwill.com

ISBN: 9788483561225
D.L.: M-15.356-2009

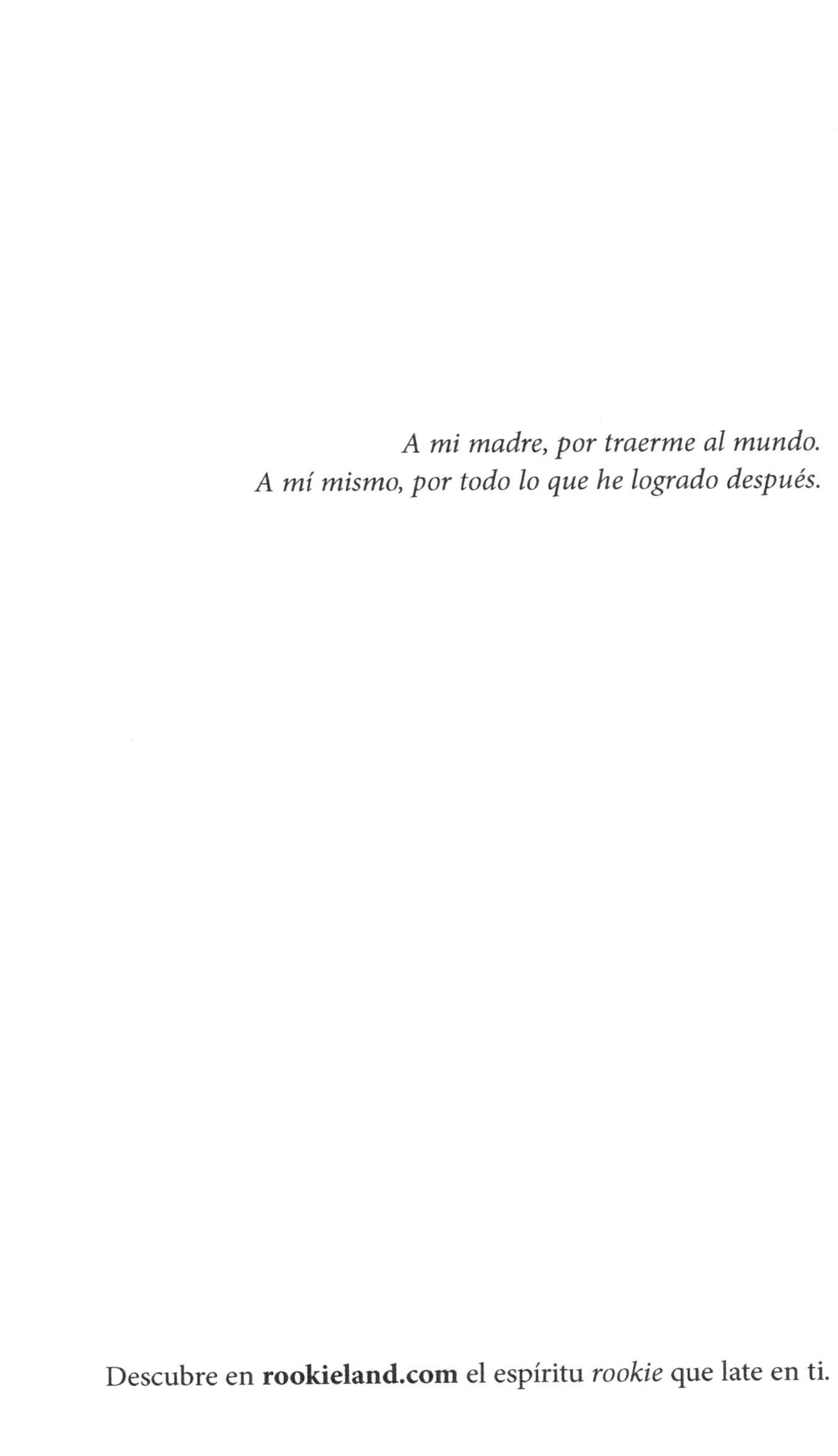

A mi madre, por traerme al mundo.
A mí mismo, por todo lo que he logrado después.

Índice

TONIC

Introducción

«El marketing es una actitud,
no un departamento»
(Phil Wexter).

Con demasiada frecuencia, el marketing se considera una materia envuelta en un halo de misterio, una profesión caprichosa y artificial, integrada por vendedores de pócimas mágicas y expertos en el arte de las maquinaciones. Como resultado, las pequeñas empresas desechan utilizarlo en su día a día y son muchos los que se desaniman por su jerga y por la creencia de que el buen marketing esconde secretos al alcance de unos cuantos elegidos (creación de exitosas campañas virales, marketing directo innovador, recomendaciones de famosos...). La imagen de publicistas con trajes italianos a la última moda y presupuestos comparables a la deuda nacional, refuerza la impresión de que el buen marketing es para peces gordos y, por tanto, debe de costar una fortuna. Por todas estas razones, al final, no se hace nada.

Si tu jefe te ha pedido que asumas responsabilidades de marketing o eres un pequeño empresario que reconoce la importancia del marketing pero no sabes por dónde empezar, este libro te ayudará a vencer todas esas falsas impresiones. A menudo, la confusión sobre qué hacer y por dónde empezar convierte al marketing en una perspectiva desalentadora que acabamos barriendo debajo de la alfombra hasta otro día. Irónicamente, cuando llega ese día te das cuenta de que haber pasado el marketing por alto sistemáticamente, ha generado un descenso en las ventas y problemas de liquidez.

Pero no desesperes, no vas a necesitar un bolsillo sin fondo; bastará con que evites los típicos errores y sepas aplicar los principios básicos. Y decimos *típicos errores* porque, sorprendentemente, todo el mundo parece caer en las mismas trampas, porque la mayoría:

- No conoce a sus clientes y, por esa razón, no sabe distinguir entre un cliente bueno y uno malo.
- Se aferra tanto a su producto o servicio que no es capaz de verlo desde la perspectiva del cliente.
- Desconoce su mercado objetivo o por qué la gente compra su producto o servicio, por lo que no sabe a quién dirigirse para maximizar sus resultados de marketing.
- Utiliza un marketing casero, más parecido a un trabajo del colegio que a un negocio profesional y, en consecuencia, da la impresión equivocada. Todo ello sin percatarse de que en los negocios la percepción lo es todo: tienes que vestir elegantemente tu puesto (aunque trabajes en el pasillo).
- No conserva ninguna información sobre sus clientes anteriores y actuales.
- No realiza un seguimiento ni mantiene el contacto con sus clientes.
- No tiene sitio en la Red y, si lo tiene, dice a gritos que es de aficionado e, invariablemente, no está optimizada para los buscadores.
- No sabe distinguir.

¿Te has dado cuenta de que en esta lista de errores no aparece por ninguna parte que no tienen un presupuesto de un millón de euros? Al contrario de lo que se suele pensar, el marketing no es tan complicado y, desde luego, no tiene que hacer saltar la banca. Piensa en él como si quisieras hacer un pastel: los ingredientes para hacer una tarta deliciosa son muy sencillos (harina, mantequilla, azúcar y, a lo mejor, uno o dos huevos; si te atreves podrías espolvorear un poco de coco rallado) pero, incluso si añades chocolate, ninguno de los ingredientes es raro, caro ni extravagante, sino que pueden comprarse en la tienda de la esquina por unos pocos euros.

Eso sí, como te equivoques con los ingredientes, toda la decoración del mundo no podrá esconder el desastre. El marketing es igual: si confundes los principios básicos, será difícil que alguien se coma la tarta. Aunque puede que sí, porque gran parte de la publicidad y el marketing profesional que muchos consideran el marketing *de verdad,* no es más que decoración. Algunas marcas potentes se han forjado y han tenido mucho éxito gracias a campañas innovadoras y apasionantes. Está claro que si tú dispusieras de una cantidad parecida de dinero, no estarías leyendo este libro.

Nuestro propósito es ayudarte a comprender los principios básicos y, cuando lo consigas, verás un cambio radical en tu cuenta de resultados. En los negocios sólo hay cinco maneras de ganar dinero:

- Vender a más clientes.
- Vender más a los clientes.
- Subir el precio.
- Recortar gastos.
- Crear un activo y venderlo.

El marketing tiene que ver con cuatro de estas cinco oportunidades de rentabilidad, así que no puedes permitirte pasarlo por alto. El buen marketing vende más productos, a más clientes, es capaz de convencer a los clientes de la necesidad de una subida de precio (como decía un anuncio de la cerveza Stella Artois: «tranquilizadoramente cara») y convertir una empresa en un activo más viable, por lo que debe considerarse como una inversión y no un gasto que deba recortarse.

Olvídate de las oscuras y prolijas definiciones de los eruditos: marketing es cualquier cosa que hagas desde la perspectiva de tus clientes. Cada vez que un cliente actual o potencial contacta con tu empresa, surge una oportunidad de marketing capaz de influir positiva o negativamente en la probabilidad de realizar una venta. El soporte de esa comunicación puede ser cualquier cosa, desde la publicidad en prensa, el envío de una campaña directamente al buzón de tus clientes o tu sitio en la Red, pasando por la manera en que gestionas las quejas o cómo contesta tu recepcionista al teléfono.

Tú y tu equipo deberéis adoptar una actitud de marketing, estar preparados continuamente para meteros en la piel de vuestros clientes y aseguraros de que su experiencia del producto, servicio o negocio no tiene parangón con ninguna otra.

Déjate de grandes presupuestos y piensa en lo sencillo, práctico y accesible. De eso, precisamente, trata este libro. No te morirás del aburrimiento leyendo definiciones de manual ni fórmulas anticuadas, y te garantizamos que la jerga que aparece es mínima. En general, las ideas no te exigen invertir mucho dinero, sino que lo único que necesitas es tiempo. No te dejes abrumar por la tarea que tienes delante; lee el libro de principio a fin y, después, escoge un par de cosas con las que empezar. El marketing es como comerse a un elefante: lo mejor es hecerlo en trocitos pequeños ¡y sin mirar en lo que aún nos queda en el plato!

Las sugerencias que te ofrecemos exigen atención y determinación, pero no te desanimes y ponte manos a la obra porque en seguida percibirás los beneficios. Nuestros consejos no tienen nada de místico, pero los resultados pueden ser mágicos.

Antes de adentrarnos en los aspectos concretos del marketing, es importante comprender la psicología de la conducta humana y la filosofía subyacente del marketing. Si logras entender por qué las personas actúan de esa manera, podrás aplicar esos conocimientos al marketing y darle mayor efectividad. Después de todo, si sabes qué bases tienes que cubrir y qué botones apretar para conseguir un sí, tus resultados mejorarán (independientemente del medio que utilices).

La psicología y la filosofía del marketing

La psicología de la persuasión

En su libro *Influence science and practice,* Robert B. Cialdini cita los seis principios básicos de la psicología que rigen la conducta humana. Su obra es el resultado de amplios estudios experimentales sobre el arte de la influencia, combinados con tres años de inmersión en el mundo de los profesionales de la conformidad: vendedores, gestores de fondos, publicistas y otros. El objetivo fundamental de Cialdini era entender qué es lo que persuade a la gente para decir sí.

Las implicaciones en el campo del marketing del trabajo de Cialdini son profundas puesto que, al identificar estos seis principios que veremos a continuación, desmitificó el éxito en ventas y marketing. Pero al hacerlo nos ofreció las herramientas necesarias para mejorar exponencialmente nuestros resultados. Si conocemos las fuerzas inconscientes que operan en la psicología humana, podremos aprender a utilizarlas para fomentar nuestro propio negocio y protegernos contra su aplicación sin escrúpulos. El conocimiento de estos principios facilita tremendamente la manipulación, pero ten cuidado: el marketing sin integridad es un desperdicio inútil de tiempo y dinero. Las personas no se dejan engañar dos veces y los negocios no sobreviven vendiendo algo a lo que no pueden dar salida constantemente.

Rookieconsejo

El marketing puede ayudarte a manipular a tus clientes, pero no caigas en esa tentación: sólo podrás engañarles una vez y el engaño tendrá un efecto devastador en tu negocio porque generará una actitud negativa en tus clientes y en todos sus contactos.

Cuando sepas qué te impulsa a actuar en determinadas situaciones, podrás aplicar esos conocimientos a cualquier aspecto de tu vida, desde convencer a tus clientes para que compren tu producto, a tu pareja para que arregle el grifo que gotea o te prepare tu tarta de queso preferida.

Según los resultados de la investigación de Cialdini, los seis principios básicos de la psicología que rigen la conducta humana son:

- Reciprocidad.
- Coherencia.
- Aprobación social.
- Simpatía.
- Autoridad.
- Escasez.

Reciprocidad

Básicamente, la ley de la reciprocidad se basa en el deseo innato de restaurar el equilibrio. Cialdini cita el caso de un profesor universitario que envió tarjetas de Navidad a una selección aleatoria de perfectos desconocidos y acabó inundado de tarjetas de respuesta. La mayoría ni siquiera le preguntó por su identidad y es que, cuando recibimos cualquier cosa, sentimos la necesidad de devolver algo a cambio. Funciona en todas las relaciones y culturas. Si tienes una amistad y constantemente entregas más de lo que recibes, antes o después la relación se acabará rompiendo por culpa de la falta de reciprocidad.

Cialdini recurre a la Sociedad Hare Krishna para ilustrar el poder de la reciprocidad en acción. Antes de los años setenta, se trataba de una organización bastante poco conocida, con una táctica de recaudación de fondos que consistía en abordar a los peatones por la calle y pedirles dinero. Los devotos *krishna* parecían estar fuera de lugar en casi cualquier contexto y no se les recibía muy bien, sin embargo la utilización de la reciprocidad les sirvió para alcanzar un aumento considerable tanto en su riqueza como en el número de fieles. Antes de pedir un donativo, el miembro de *krishna* entregaba un obsequio (un libro, revista o, la versión más económica, una flor). El receptor de la flor sentía el impulso de corresponderla con un donativo y, aunque no quisiera la flor o tratase de devolver el libro, seguía entregando un donativo. La recaudación de fondos subió como la espuma.

Este principio se utiliza ampliamente en marketing, en forma de obsequios gratuitos y ofertas de membresía (condición de miembro de una entidad). Cuando ofreces una muestra de tu producto o servicio sin compromiso a un cliente potencial, le estás dando algo de valor (real o percibido) que activa la ley de la reciprocidad. Este desequilibrio facilita la venta por el deseo del cliente de cuadrar las cuentas.

Rookieconsejo

Si creas una situación de desequilibrio, por ejemplo mediante un obsequio, tus clientes se verán obligados a intentar buscar la manera de compensar la situación.

Coherencia

La fuerza más poderosa de la personalidad humana es la necesidad de ser consecuentes con la identidad que proyectamos al mundo. Es decir, tenemos el deseo obsesivo de ser (o parecer) coherentes. De hecho, cuando hemos tomado una decisión o adoptado una postura, sentimos una presión personal e interpersonal para comportarnos de una manera acorde con nuestro compromiso. La coherencia es la fuerza responsable de que las personas se aferren a una mala estrategia de negocio o permanezcan en una relación de malos tratos, puesto que este motor interno tiene la fuerza suficiente como para que aguantemos situaciones o actuemos de maneras que, obviamente, no nos benefician. Muchas veces somos conscientes de ello y, aun así, no lo cambiamos.

¿Por qué es importante en el marketing? Es uno de los factores que explica por qué es más difícil obtener un cliente nuevo que conservar uno antiguo. Y es que, cuando alguien toma la decisión de hacer negocios con otra persona, el impulso de la coherencia empieza a surtir efecto. Básicamente, queremos tener razón; a nadie le gusta tomar decisiones u opciones que resultan ser equivocadas, sino que queremos sentirnos cómodos y contentos con lo que elegimos. En un principio, la coherencia es una tentación en la relación de compra y por eso, precisamente, funcionan los programas de fidelidad, en el sentido de que, cuando alguien se convierte en cliente y compra varias veces, se produce un fuerte deseo inconsciente de conservar la relación, hasta el punto de que el cliente perdonará cualquier fallo por no querer admitir que su decisión inicial pueda haber sido errónea.

Rookieconsejo

Los programas de puntos se aprovechan de nuestro instinto de aferrarnos a la coherencia: una vez que hemos elegido un servicio nos mantendremos firmes en nuestra decisión como muestra de que nuestra elección es *correcta* (aunque no sea el caso).

Aprobación social

Este principio tiene que ver con la comodidad y aceptación que genera la *manada* y, en particular, influye en lo que constituye la conducta correcta (fundamentalmente decidimos que es así si vemos a otras personas como nosotros actuando de la misma manera). Este impulso innato funciona en casi todas las situaciones y puede ayudarnos a no ofender a los demás, especialmente en culturas distintas. Sin embargo, está expuesto al abuso, porque pasa por encima de nuestros procesos de toma de decisiones y nos lleva a mirar alrededor para ver lo que hacen los demás y, si las conductas coinciden, seguimos adelante sin ningún acto real de conciencia, comportándonos como uno más en el rebaño.

De nuevo, los expertos en marketing y los vendedores han desarrollado formas de aprovecharse de ello por ejemplo con la utilización de recomendaciones que nos aseguran que otras personas como nosotros han tomado la decisión de comprar y ha sido un éxito. Suponemos que, si ellas están contentas con su elección de comprar ese producto y son como yo, yo también estaré satisfecho con el producto.

Rookieconsejo

Buscamos la aprobación de nuestros iguales. Si la *manada* dice sí, nos sentiremos mucho más cómodos con nuestra decisión.

Simpatía

Vivir es relacionarse y las relaciones, ya sean personales o profesionales, tienen muchas más probabilidades de ser un éxito a largo plazo si las dos personas se caen bien (todos hacemos negocios con personas que nos resultan simpáticas). Clarence Darrow, famoso abogado de principios del siglo XX, especializado en juicios con jurado dijo una vez que su verdadero trabajo era conseguir que al jurado le gustara su cliente. De hecho, casi siempre el jurado evalúa y decide la culpabilidad o inocencia del acusado en el transcurso de los primeros cinco minutos y toda la información que reciba después no hará más que corroborar la decisión que ya ha tomado. Los miembros del jurado tienden a hacer caso omiso a los datos que no concuerdan con su análisis inicial, reproduciendo el principio de la coherencia y, si han decidido que es culpable en esos cinco minutos críticos, sentirán un fuerte deseo de ser coherentes con su elección inicial.

El principio de la simpatía salta a la luz si piensas en la cantidad de vendedores que son simpáticos, amables y afectuosos, capaces de tranquilizar a los clientes potenciales. Gracias a ello, el proceso de ventas pasa de ser una serie de pasos y trucos a una simple conversación. Como resultado, los buenos vendedores hacen que vender parezca muy sencillo.

Rookieconsejo

La simpatía es fundamental para la venta. Nadie compra nada a alguien que le cae mal; incluso aunque su producto sea muy bueno y tenga un precio competitivo.

Autoridad

Este principio ilustra la poderosa influencia de la autoridad, real o percibida, hasta el punto de que somos tremendamente susceptibles a las solicitudes de personas en posición de autoridad. Confiamos automáticamente en este tipo de personas, como el médico con su resplandeciente bata blanca, independientemente de que esté justificada o no esa confianza. El grado de poder que conferimos basándonos en la asunción de autoridad quedó demostrado de forma alarmante en los experimentos de Milgram, donde un investigador estaba a cargo de que el participante A administrara descargas eléctricas al participante B. El investigador ordenaba sistemáticamente a la persona A que incrementara el voltaje de las descargas hasta que la persona B gritara y suplicara su fin. Con frecuencia, la persona A sentía compasión y suplicaba al investigador que le permitiese parar y, sin embargo, cuando se sentía presionada para seguir, la mayoría lo hacían. En realidad, la persona B sólo fingía estar sufriendo para el experimento, pero quedó demostrado de una forma muy concluyente hasta dónde puede llegar el poder de la autoridad. ¡Y hasta dónde estamos dispuestos a llegar si nos lo pide una figura de autoridad!

Los expertos en marketing han puesto en práctica este principio con gran resultado a través de las recomendaciones de famosos o los testimonios de expertos reales o percibidos en un campo determinado. Por ejemplo, los suplementos vitamínicos suelen estar recomendados por un deportista célebre y con el testimonio de un conocido nutricionista.

Rookieconsejo

Si alguien a quién respetamos o a quién conferimos cierta autoridad nos recomienda un producto, confiaremos en su criterio sin preguntarnos demasiado si está en lo cierto.

Escasez

El principio de la escasez se refiere al hecho de que las oportunidades nos parecen más valiosas cuanto más difíciles sean de conseguir. Cialdini relata su propia experiencia de este principio durante la reconstrucción de una iglesia mormona cerca de su casa. Nunca había sentido el deseo de visitar el templo hasta que leyó un artículo sobre un altar especial al que sólo tenían acceso los miembros de mayor rango de la iglesia, salvo por una excepción, ya que durante varios días después de su construcción, los no miembros podían realizar una visita a la totalidad del edificio. Las reformas habían sido lo suficientemente amplias como para justificar la visita. De repente, Cialdini se descubrió interesado, a pesar de que hasta ese momento nunca había sentido el deseo de visitarlo. La idea de que se trataba de una oportunidad fugaz la hizo inconscientemente atractiva, aunque conscientemente confusa.

Abre cualquier revista y verás: «Oferta limitada sólo hasta final de mes» o «Artículo de coleccionista, edición limitada, últimas unidades». La sensación de poder quedarnos sin algo especial y único nos impulsará a actuar aunque sepamos que, probablemente, sólo es un truco de marketing.

Si comprendes el funcionamiento de estos seis factores psicológicos, tendrás más probabilidades de satisfacer las necesidades de tus clientes y mejorar tu índice de éxitos. Veamos ahora de qué se trata eso de la filosofía del marketing...

Rookieconsejo

¿Quieres vender algo con relativa urgencia? Dale el valor de la escasez («últimas unidades») y generarás una sensación de valor instantánea en tus clientes.

Filosofía

David Ogilvy, uno de los grandes gurús de la publicidad de todos los tiempos, dijo en una ocasión que la gente no compra productos, sino soluciones. El profesor de marketing de Harvard, Theodore Levitt, expresaba el mismo concepto cuando afirmó que las personas no necesitan una broca de seis milímetros, sino un agujero de seis milímetros.

Cualquier producto o servicio es la solución a un problema real o percibido. Por ejemplo, si vivimos en una zona rural, donde el transporte público escasea, nos enfrentamos a un problema de transporte y gestión del tiempo, y comprar un coche es la solución. El consumismo se basa en identificar problemas que la empresa pueda solucionar y ganar dinero con ello. La industria farmacéutica es una verdadera experta en esto, al ser capaz de descubrir nuevas afecciones, trastornos y síndromes cuyo tratamiento los hipocondríacos estarán encantados de comprar.

En algunos casos el grado que algunos sectores y empresas alcanzan en este proceso puede llegar a ser ciertamente abusivo, aunque lo cierto es que si lo hacen es porque funciona. Si te mueves en el mundo de los negocios, lo primero que debes hacer es tener perfectamente claros los problemas que resuelve tu producto o servicio. La filosofía más sencilla y útil es:

PROBLEMA ➡ EMPEORAMIENTO ➡ SOLUCIÓN

Es decir, debes conocer el problema que tienen o pueden tener tus clientes potenciales para que consideren gastarse el dinero, que han ganado con el sudor de su frente, en tu producto o servicio.

Imagina el caso de un redactor independiente que escribe de todo, desde información para sitios corporativos en la Red hasta artículos de prensa, pasando por libros para otros. ¿Qué problema tiene el cliente potencial que busca a alguien para que le escriba *su* libro?

- **Problema de tiempo:** muchas de las personas con las que trabajo son profesionales muy ocupados, conferenciantes internacionales o empresarios sin tiempo para escribir un libro. Desde hace años, en sus propósitos de año nuevo figura escribir un libro, pero los está atormentando.

- **Problema de capacidades:** con frecuencia, estas personas reconocen sin tapujos que la escritura no es su don natural y, sin embargo, están seguros de que sus ideas merecen ser escritas. Admiten que necesitan a alguien que los ayude a extraer esas ideas de su cabeza y plasmarlas sobre el papel.

- **Problema de desarrollo de negocio o producto:** en muchos casos, especialmente cuando se trata de consultores o ponentes, un libro actúa como una tarjeta de negocios muy poderosa. Ser autor aporta importancia y prestigio a la persona y, a menudo, le permite generar más negocio o incrementar sus honorarios. Los conferenciantes, además, pueden vender su libro en las ponencias y generar unos ingresos adicionales.

Las consecuencias y sensaciones de no resolver esos problemas son:

- Nunca consiguen escribir el libro con el que siempre han soñado porque, cada vez que se sientan a escribirlo, ocurre algo que requiere su atención. Cada año nuevo añaden *escribir un libro* a sus propósitos anuales y se sienten frustrados, se convierte en un peso alrededor del cuello hasta que, finalmente, alguien se les adelanta y escribe el libro que ellos querían o, simplemente, lo dejan de lado. Llega a ser una fuente de remordimiento y tristeza.
- No consiguen escribir un libro con la calidad que habían esperado. Las ideas se plasman en el papel sin pulir y eso les decepciona. Se dan cuenta de que, después de años pensando en escribir un libro, cuando por fin lo hacen su calidad no es demasiado buena y, desde luego, no hace justicia a sus ideas y teorías.
- Pierden dinero y nuevos negocios potenciales. También desperdician una oportunidad de mayor reconocimiento en su área.

Las consecuencias y sensaciones de resolver esos problemas son:

- El cliente es capaz de continuar con sus actividades diarias sin preocuparse de cómo encontrar tiempo para escribir el libro. Puede dedicar todo su tiempo y energía a otros aspectos importantes de su negocio o su vida. Eso le aporta una sensación de alivio, al saber que su sueño progresa sin su implicación constante.

- Dado que el redactor garantiza escribir con el estilo propio de cada persona y no con el suyo, el cliente está tranquilo porque sabe que su libro parecerá suyo. Se reconoce en las páginas y le emociona ver cómo empieza a tomar forma. Mientras tanto, puede dedicarse a lo que mejor sabe hacer. Escribir no es una destreza que posea todo el mundo de forma natural y, para muchos, aceptarlo y reconocerlo supone una liberación.

- Gana más dinero. Las personas que pueden añadir la palabra *autor* en su currículo consiguen atraer la atención. Esté justificado o no, ser autor te eleva a la categoría de experto más rápidamente que cualquier otra cosa conocida (y los expertos pueden cobrar más). En el sector de las conferencias, haber publicado un libro es fundamental para las relaciones públicas y supone unas ventas lucrativas del producto en la trastienda.

Rookieherramientas

Piensa en tu negocio y anota tres problemas que solucione tu producto o servicio (identifica la fase del problema). Después, por cada problema, escribe una consecuencia de no resolverlo y céntrate en cómo podría sentirse el cliente si no actuara (fase de empeoramiento). Finalmente, por cada problema, escribe la consecuencia de resolverlo y céntrate en las ventajas que experimentará la persona y cómo puede sentirse si actúa (fase de la solución).

Cuando hayas identificado al menos tres problemas, o más si es posible, y analizado las tres fases, lo único que falta es incorporar esos elementos a tu campaña de marketing. Se trata de que las personas se reconozcan personalmente en tus comunicados, porque si consigues que tu mensaje les resulte familiar y piensen que comprendes de verdad su problema concreto, entre comillas, estarás mucho más cerca de convertirte en la solución que finalmente escojan.

Para ayudarte a pensar en los problemas que tu producto o servicio puede resolver, puedes utilizar la fórmula de las 4 Rs, una ecuación muy sencilla tomada del peculiar libro *La guía del perezoso para hacerse rico*, de Joe Karbo. Karbo nos recuerda que «nadie puede hacerse rico a menos que consiga enriquecer a otras personas y ese enriquecimiento puede consistir, y de hecho consiste, en hacer la vida más fácil, sencilla o plena a los demás». Para ello, sugiere tener siempre en cuenta las 4 Rs:

- **Reencarnación.** Queremos ser importantes y sentir que nuestro paso por la vida ha sido útil y hemos dejado huella, crear algo que, de alguna manera, sobreviva después de que nos hayamos ido. ¿Cómo puede tu producto o servicio ayudar a otra persona a dejar huella?

- **Reconocimiento.** Queremos sentirnos respetados y admirados por los demás, que nos reconozcan y aprecien nuestro esfuerzo. ¿Cómo puede tu producto o servicio ayudar a otra persona a sentirse importante y valorada?

- **Romance.** ¡El sexo vende! Pero incluso cuando la ardiente pasión se ha desvanecido, todos queremos sentirnos deseados, amados y atendidos. ¿Cómo puede tu producto o servicio ayudar a otra persona a sentirse más atractiva, deseable o popular? ¿De qué manera puede hacer que se sienta a gusto en su piel?

- **Recompensa.** La recompensa puede adoptar muchas formas, como sentirse más seguro, sano y feliz, o la oportunidad de ganar o ahorrar más dinero. Queremos saber que la compra nos va a recompensar de algún modo. ¿Cuál es la recompensa de comprar tu producto o servicio?

Evidentemente, las 4 Rs no son aplicables a todos los productos, pero pueden ayudarte a pensar en lo que ofreces de una manera algo distinta.

Rookie en acción: el marketing no consiste en engañar a los demás para que compren tu producto, sino en entender por qué compra la gente y, así, poder posicionar tu oferta de un modo que resuene en tu mercado. Se trata de descifrar los problemas que resuelves y dejar clara la propuesta en todo lo que hagas. Empieza el proceso hoy mediante una puesta en común con tu equipo. Realiza el ejercicio anterior de identificación de problemas y presta atención a lo que descubras.

Cosas que voy a hacer...

Cosas que necesito que otros hagan por mí...

Sócrates tenía razón con su «conócete a ti mismo» aunque, de haber sido experto en marketing, habría llevado esa idea dos pasos más allá para incluir: «(...) y conoce también a tu cliente y a tu mercado». Y es que, cuando te familiarizas a conciencia con tus clientes y el mercado en el que compites, puedes encontrar tu nicho y prosperar, independientemente del contexto económico o la competencia.

CAPÍTULO 3

Marketing focalizado

Si estás leyendo este libro, es porque tienes experiencia pero te enfrentas por primera vez a lo que supone tener que hacer marketing. Tal vez seas un empresario frustrado por la falta de ventas o un empleado en busca de ideas rentables para aumentar los ingresos. Quizá, seas un autónomo interesado en generar negocio. Sea cual sea tu situación, hay una cosa que debes saber (si ya lo sabe, déjanos que te lo recordemos): el marketing masivo es caro y derrochador (dos elementos indeseables en cualquier campaña de marketing, especialmente para una pequeña empresa escasa de efectivo). Competir en un mercado genérico exige un gran presupuesto, así que lo que debes hacer es segmentar el mercado. Tu aspiración no ha de ser un trocito de la tarta más grande, sino quedarte con el pastel más grande dentro de tus posibilidades. No se trata de disparar como una metralleta sino de dar en el blanco (aunque, para ello, primero tienes que saber adónde apuntar…).

¿Por qué es importante conocer a los clientes? Sencillamente, porque te coloca en una posición de ventaja. Para empezar, no todos los clientes son iguales. El Principio de Pareto, también conocido como la regla 80/20, establece que el 80% de tus ingresos proceden del 20% de tus clientes. Tu objetivo será identificar ese 20% y preocuparte de mantenerles como clientes.

A menudo en los negocios prestamos más atención a la rueda que más chirría, es decir, a los clientes que hacen más ruido. Esto suele ser una pérdida de tiempo y esfuerzo muy valioso (a no ser que pertenezcan a ese 20% y justifiquen económicamente el apoyo adicional que reciben). Si no es el caso, ese cliente exigente se convierte en la persona equivocada en la que centrarse y lo mejor será dejar que se vaya a la competencia y que sean ellos quienes pierdan su dinero y esfuerzo tratando de contentarlos. Recuerda que tú debes centrarte en asegurar que tus mejores clientes estén lo suficientemente contentos.

Rookieconsejo

Céntrate en ese 20% de tus clientes que genera el 80% de tus ingresos. Olvídate de ese cliente que se gasta ocho euros cada dos años y espera que lo dejes todo a un lado cada vez que te llame.

Cuando hayas identificado a tus mejores clientes tendrás que hacer dos cosas. Primero, difunde sus nombres entre todo el personal de la empresa para garantizar que reciben la prioridad en todo momento. Segundo, crea un perfil de cliente que te permita identificar distintas maneras de alcanzar a otros clientes como ellos, o centrarte en nichos dentro del gran mercado genérico.

Por encima de todo, si conoces a tus clientes puedes averiguar hasta qué punto tus esfuerzos de marketing son útiles, calculando su valor neto marginal. Si, por ejemplo, lanzas una campaña de marketing y atraes a 56 clientes nuevos a tu negocio con una pérdida media de diez euros por cliente (coste total del marketing menos ventas generadas dividido por el número de nuevos clientes), las cifras pueden parecer miserables, pero hay que tener en cuenta el valor permanente de cada cliente. Si, a raíz de tu análisis de clientes, descubres que tu cliente medio compra 150 euros al año y permanece contigo durante cinco años, el valor permanente de ese cliente es de 740 euros (150 euros x 5 - 10 euros de pérdida inicial). Sin embargo, esta fórmula no tiene en cuenta ningún esfuerzo dedicado a mejorar, cruzar ventas o aumentar su frecuencia de compra (más sobre esto en el capítulo 5).

Desarrollar un perfil de cliente

Conocer a los clientes no siempre es fácil, sobre todo si no dispones de una base de datos central donde estén registrados al menos los datos básicos. ¿No dispones de esa base de datos? No desesperes, porque lo que sí que tienes es el elemento fundamental: la información. Encuéntrala, incluso si para ello tienes que examinar todos los archivos del departamento de ventas, contabilidad o atención al cliente.

Sistematiza todos los datos como mínimo en una hoja de cálculo (donde incorporarás los datos que vayas recabando). Cuando hayas concluido tu búsqueda vuelca la información en una base de datos propiamente dicha, con la que podrás gestionar grandes cantidades de información para su uso posterior. Por cierto, también debes considerar como clientes a quiénes en un momento dado te han pedido información aunque, de momento, no te hayan comprado nada; a cualquiera que te haya entregado su tarjeta en algún acto sectorial o a los participantes de cualquier concurso que hayas organizado. En definitiva, se trata de registrar los nombres y direcciones de cualquiera que haya tenido contacto contigo anteriormente, puesto que esas personas te conocen y podrían dejarse tentar con una oferta y un incentivo correctos.

Rookieconsejo

Aún cuando no dispongas de una base de datos de clientes (actuales y potenciales), sí tienes toda la información necesaria para construirla. Rastrea los datos y sistematízalos para poder gestionarlos.

Por ahora, centrémonos en los clientes actuales. Si tienes miles de clientes y no sabes por dónde empezar, pide consejo al personal de tu empresa. Recuerda que tu objetivo es descubrir quiénes son tus mejores clientes para averiguar si presentan alguna característica común y, de esa manera, poder atenderlos como se merecen. El personal de cuentas pendientes, ventas y envíos seguramente pueda proporcionarte, cada uno, diez nombres de personas con las que tratan de forma habitual.

Cuando reúnas algunos nombres y hayas verificado su importancia relativa para tu empresa, invítalos a comer (pagas tú) o, si un encuentro en persona no es posible, fija el momento adecuado para mantener una conversación telefónica. Prepara algunas preguntas y habla con ellos, explícales lo que te propones, diles cuánto valoras su relación contigo y pregúntales si hay alguna forma de que puedas mejorar su experiencia. Descubre qué problemas les solucionas, a qué se debe su fidelidad, qué revistas leen, qué les ha influido para comprarte a ti. ¿Les interesa realmente el precio o hay algo más? ¿Tienen alguna opinión o sugerencia que quieran compartir contigo? ¿Se sienten a gusto con algún miembro en particular de tu plantilla? ¿Asisten a algún acto sectorial o están suscritos a una revista especializada? Construye un retrato lo más certero de quiénes son para, en el futuro, identificar a este tipo de clientes de forma casi automática. Por último, agradéceles su información mediante un obsequio.

Factores básicos que debes tener en cuenta:

- Geografía.
- Demografía.
- *Psicografía.*

El factor geográfico es obvio: ¿dónde se encuentran físicamente tus mejores clientes? ¿Reside la mayoría de tus clientes a pocos kilómetros de tu empresa? La demografía tiene que ver con las características estadísticas de tu mercado, edad, ingresos, sexo, estado civil, número de hijos, profesión, clase social, etc. ¿Existen grupos demográficos definidos en tu base de clientes? Por último, la *psicografía* es lo que marca la diferencia en términos de público objetivo, ya que si descubres las características psicográficas de tu mercado objetivo, podrás adaptar tu mensaje para lograr empatía y garantizar que tu público se implique con el mensaje lo suficiente como para realizar una venta. La psicografía identifica al tipo de persona que compra en términos de su estilo de vida y personalidad.

Recuerda que tu objetivo es elaborar un perfil de ese 20% de clientes que representa el 80% de tus ingresos. Si es posible, fíjate también en tu cliente promedio en todo el negocio y averigua si existen similitudes en el 20% inferior de tu base de clientes. La razón es sencilla: si descubres que tu 20% inferior ha respondido a un anuncio publicado en una revista concreta, ¿por qué seguir con esa técnica de marketing? No todos los clientes son iguales y sólo los verdaderamente rentables merecen un trato especial.

¿Dispones ya de un retrato robot de tus mejores clientes? Pues entonces sal al mercado y busca más clientes que se ajusten a esas características y empieza a no perder el tiempo con tus clientes de perfil bajo. Lo ideal sería disponer de una buena base de datos de contacto que te ofreciera esa información automáticamente. Casi todas las buenas bases de datos incluyen una sección de valor permanente o valor reciente, frecuente y monetario, que indica mediante una puntuación los méritos relativos de cada cliente. Esa puntuación, atribuida a cada contacto, se calcula automáticamente a partir de un algoritmo basado en la importancia ponderada de la frecuencia con la que un cliente compra, cuánto gasta y durante cuánto tiempo permanece contigo.

Conoce tu mercado

El peor error que puedes cometer es enamorarte de un producto o servicio y hacer un prototipo a toda prisa o, peor aún, precipitar su producción sin antes pensar en quién va a quererlo. En una revista se mencionaba el caso de un aspirante a conferenciante que estaba tan convencido de su aventura empresarial, que invirtió todo lo que tenía en la creación de 10.000 discos y libros de trabajo, a pesar de que, en aquel momento, sólo tenía un puñado de clientes y ninguna experiencia en el sector de la oratoria. La mayor parte de esas 10.000 unidades siguen en un almacén cogiendo polvo. Nunca salgas al mercado sin hacer una prueba primero.

Un error en este sentido puede ser desastroso. En las reuniones entre emprendedores e inversores, estos últimos no suelen tener piedad con aquellos que tienen productos ingeniosos pero poco útiles y sin ningún mercado. Siempre aparece un inventor que ha dedicado su vida y muchísimos recursos a desarrollar un prototipo de un objeto completamente inútil, tan enamorado de su idea que es incapaz de darse cuenta de que es un fracaso comercial antes de empezar a fabricarse (por lo que nunca encontrará un inversor que apueste por ella).

Igualmente ocurre cuando una idea brillante se traslada al mercado equivocado. Un Ferrari F360 es un excelente producto, una obra de arte y un prodigio de la ingeniería, pero fracasaría estrepitosamente si alguien intentase alquilarlo en una zona rural como vehículo de trabajo.

Rookieconsejo

Averigua si existe un mercado para tu producto y, después, donde está ese mercado.

Cómo conocer tu mercado

Una de las maneras más rápidas y sencillas de saber lo que está pasando en tu sector es analizar a la competencia, prestando atención a lo que hacen tus competidores. Céntrate en tus tres rivales principales y busca también una empresa a la que no le esté yendo bien en tu sector.

- Apúntate a su lista de correo: ¿qué información están mandando? ¿Qué ofertas proponen a sus clientes?
- Cómprales un producto y descubre su eficiencia en el envío. ¿Tienen alguna grieta en su armadura?
- Investiga lo que sucede en tu sector (lee revistas sectoriales y acude a actos que se organicen vinculados con el mismo).

- Busca sus anuncios en la prensa local: ¿qué ofertas tienen? Aunque no puedas conocer la eficacia de su publicidad, conseguirás calibrar cuánta actividad de marketing tienen. Lo más probable es que los competidores de éxito se mantengan en el escaparate público a través de varios canales y necesitas saber de qué canales se trata.
- Colecciona sus folletos y consigue su informe anual. ¿Hablan de sus esfuerzos o presupuesto de marketing? ¿Puedes averiguar algún dato acerca de su estrategia de ventas?
- Visita con frecuencia su sitio en la Red.

El éxito (y el fracaso) de tus competidores deja pistas y tu trabajo consiste en descifrarlas: ¿a quién le está yendo bien? ¿A quién no? ¿Qué puedes emular y mejorar para colocarte en primera fila?

Rookieconsejo

Investiga qué es lo que hace tu competencia. ¿Qué cosas puedes copiar para mejorar tus procesos? ¿Qué debes potenciar de lo que ya haces y que el resto hace mal?

El publicista Gary Halbert explica el proceso de focalizar al público mediante una historia muy sencilla: «en una ocasión, preguntó a los asistentes a un seminario qué consideraban necesario para abrir un puesto de perritos calientes y tener éxito. Los revoltosos participantes sugirieron a gritos varias respuestas:

- Una buena ubicación.
- Salchichas de buena calidad.
- Panecillos sabrosos.
- La mejor mostaza.
- Ketchup.

- Montones de mantequilla de la mejor calidad.
- Buzoneo de folletos por la zona.
- Empleados simpáticos.
- Un uniforme llamativo y resultón.

Les dejé que continuaran gritando durante algunos minutos y después les expliqué que lo que verdaderamente hace falta para tener éxito con un puesto de perritos calientes, es una multitud de hambrientos». Todas las respuestas de los asistentes eran válidas pero inútiles sin esa multitud de hambrientos... ¿Ya sabes cuál es tu *multitud?*

Encuentra a tu multitud de hambrientos (también conocida como nicho)

Si conoces a tus clientes y el mercado en el que compites, dispones de la información necesaria para encontrar pequeños nichos dentro del gran mercado genérico.

Todo mercado tiene sus oportunidades para las empresas pequeñas lo suficientemente hábiles e inteligentes como para alcanzarlas muy por delante de las compañías grandes, incapaces de actuar con la rapidez suficiente y cuya falta de flexibilidad les impide satisfacer todas las necesidades de un mercado. Su planteamiento de *talla única* no cubre los requisitos de esos clientes que buscan algo diferente. El mercado es como un queso *gruyer* y tu labor es encontrar esos agujeros que nadie está rellenando.

A menudo, pensamos en nuestro negocio y pensamos en que el servicio que ofrecemos es tan universal que no tenemos un nicho de mercado como tal. Imagina que eres un fontanero. Al fin y al cabo puedes arreglar los desagües de cualquiera, independientemente de dónde vivan o de a qué se dediquen. En cualquier caso puedes escoger un grupo al que dirigirte y sobre el que priorizar para que se convierta en tu 20% de clientes rentables. Pongamos que compites con otros diez fontaneros en tu zona. A los ojos del cliente, no hay nada que os distinga demasiado: todos tenéis una furgoneta con el eslogan «Ningún trabajo es demasiado pequeño», poseéis la misma experiencia y titulación, y os anunciáis en el directorio local de empresas y las Páginas Amarillas. Pero, si piensas en tu clientela actual, te acordarás de un par de clientes que te pidieron que fueses a arreglar una avería fuera de horas porque ambos trabajaban. Ahí hay una oportunidad. Si ese mismo problema lo comparten varios de tus clientes, ¿no es probable que le ocurra lo mismo a otras personas? Si resaltas estas posibilidades, podrás adaptar tu mensaje para que atraiga a clientes que necesiten servicios de fontanería fuera del horario laboral. Evidentemente, identificar y conocer a ese mercado no te impide trabajar para otras personas, sino que tu mensaje destacará para ese grupo en particular. Y, cuando hayas identificado esos nichos, tal vez te sorprenda descubrir que los clientes no ponen ninguna traba a la hora de pagar un extra por el privilegio.

En los negocios, la percepción lo es todo, así que si no tienes un nicho particular, créalo. Pongamos que eres entrenador de perros, una profesión que, dentro de lo razonable, es bastante similar independientemente de la raza, pero lo cierto es que tus clientes son fanáticos de sus perros y sus razas. La señora Solís adora a su caniche y Jorge está atontado con su labrador marrón chocolate. ¿Cuál de los siguientes mensajes crees que llamaría más su atención si decidiesen llevar a sus mascotas a un entrenador de perros?

- Entrenamiento de perros. Todos los domingos en el parque de 2 a 3.
- Entrenamiento especializado para caniches. Todos los domingos en el parque de 2 a 3.
- Entrenamiento especializado para labradores. Todos los domingos en el parque de 2 a 3.

Estás ofreciendo el mismo servicio, aunque enfocándolo en dos segmentos del mercado y adaptando el mensaje en consecuencia. Gracias a ello, consigues captar la atención de los nichos menores, en lugar de competir en un mercado bullicioso y atestado. Así es como te diferencias.

Rookieconsejo

Si tu servicio o tu producto no tienen un nicho particular y específico, créalo.

En ocasiones, sucumbimos a la tentación de lamentarnos por el hecho de disponer de un mercado cada vez más segmentado y especializado. Si todos los clientes fueran iguales no habría que preocuparse por el marketing focalizado o por encontrar el nicho, sino que bastaría con un único mensaje estándar para empezar a ganar dinero. Sin embargo, si eso fuera cierto lo más probable es que las pequeñas empresas habrían desaparecido hace muchos años. Las pequeñas empresas sobreviven adaptándose a esas diferencias y prosperan gracias a ellas. Tal vez nunca puedas competir con un hipermercado en el precio, pero sí en muchos otros factores que son, cada vez, más importantes para el consumidor actual.

Observa las tendencias, descubre tu ventaja competitiva e identifica tu nicho

¿Cuáles son las tendencias en tu sector? ¿Notas que cada vez más clientes piden un producto concreto o una opción específica de envío? Pregunta a tu equipo de ventas o de atención al cliente qué piden o de qué se quejan tus clientes. Ten en cuenta que los factores externos pueden modificar el mercado, por lo que debes estar al tanto de:

- los cambios tecnológicos e innovaciones en tu campo,
- los cambios potenciales en la legislación que puedan afectar a tu sector,
- las tendencias sociales y cambios en la conducta del consumidor,
- y las nuevas modas.

Pongamos, por ejemplo, la cuestión medioambiental. Olvida si realmente piensas que el cambio climático es una amenaza real o una invención de los grupos ecologistas, céntrate en el hecho de que la mayoría de los consumidores de todo el mundo están, cada vez, más sensibilizados con el medioambiente. En parte, se debe a un factor puramente económico, ya que el incremento de los precios del carburante obliga a los consumidores a buscar una manera de recortar gastos. Por otro lado, un número mayor de consumidores quieren tomar decisiones éticas y responsables con el medioambiente. En este sentido, los productos y empresas eficientes energéticamente están a la cabeza y, por ello, si puedes reivindicar sinceramente que tu producto o servicio es ecológico, deberás hacerlo público e integrarlo en tu material de marketing. Dirige la atención hacia tus credenciales *verdes* y trata de mejorarlas en todos los aspectos.

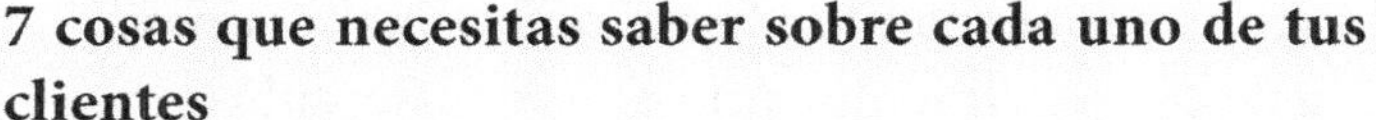

7 cosas que necesitas saber sobre cada uno de tus clientes

- Datos de contacto actualizados: dirección completa, teléfono y correo electrónico.
- Desde cuándo son clientes.
- ¿Cómo se convirtieron en clientes? (Si respondieron a un anuncio o campaña, o te llegaron por recomendación y, en ese caso, de quién).
- ¿Con qué frecuencia te han comprado? ¿Hay algún patrón?
- ¿Cuánto se han gastado en tu empresa desde el inicio de su relación? ¿Ese volumen ha aumentado, disminuido o permanecido constante?
- ¿Cuál es su media anual de gasto?
- ¿Cuándo fue la última vez que te compraron algo?

Rookie en acción: en 1947, Frank Bettger escribió un librito genial sobre las ventas, *How I raised myself from failure to success in selling [Del fracaso al éxito en los negocios]*, en el que describe la esencia del éxito empresarial cuando afirma que la manera más rápida de conseguir lo que uno quiere es descubrir lo que quieren los demás y dárselo. Conocer a tus clientes y tu mercado te permite hacerlo y te da la oportunidad de reconocer posibles vacíos lucrativos en el mercado que te supondrán más dinero y, además, harán más felices a tus clientes. Ser capaz de definir tu mercado objetivo y el perfil de tus clientes es una pieza fundamental del rompecabezas, porque dirige tu fusil hacia el blanco de la diana.

Cosas que voy a hacer...

Cosas que necesito que otros hagan por mí...

Tu propuesta única de ventas es la piedra angular del marketing porque te diferencia de tus competidores. En este capítulo aprenderás a identificarla y a dotarla de efectividad, para que puedas sacar ventaja a la competencia y conseguir más negocio.

CAPÍTULO 3

Crea una propuesta de ventas única y potente

Escoge una profesión y abre las Páginas Amarillas locales o visita un directorio local de empresas en la Red: ¿cuántas opciones dispones para contratar ese servicio? Digamos que necesitas un pintor porque esa pared del pasillo, empapelada de verde lima y azul, es un horror y hay que hacer algo al respecto. Como no dispones del tiempo ni de la inclinación de hacerlo por tu cuenta, decides buscar a un pintor local y pagar a otra persona para que haga el trabajo. ¿Por dónde empiezas? Si tienes suerte, un amigo te recomendará alguien. Si no, tendrás que tomar la decisión basándote en una información muy escasa y, la mayoría de las veces, terminarás llamando a algunos de los primeros de la lista (por eso algunas empresas se llaman AAA Pintores). Pero si tu empresa se llama ZZZ Pintores, ¿cómo diferencias tu negocio en tu publicidad? La respuesta es sencilla, mediante una propuesta única de ventas.

Qué es una propuesta única de ventas

Tu propuesta única de ventas es una afirmación de posicionamiento que ilustra sucintamente por qué el cliente debe escoger tu negocio y no a la competencia. Pese a la simplicidad del concepto, cuesta creer el reducido número de empresas que lo utilizan y, en vez de ello, intentan competir en un mercado abarrotado sin diferenciación alguna y luego se preguntan por qué no suena el teléfono.

En parte porque mucha gente interpreta *única* como *original*, en cuanto a que ofrecemos algún artilugio que no se encuentra en ninguna otra parte del mundo o unos programas informáticos patentados o alguna innovación de tecnología punta nunca vista. Relájate, porque no tiene nada que ver con esto. Desde ese punto de vista, es comprensible que tantas empresas no reconozcan la necesidad de identificar su propuesta única de ventas. Sin embargo, puede marcar una enorme diferencia en su éxito empresarial.

Rookieconsejo

Una propuesta única de ventas marca las diferencias con tu competencia y separa un negocio de éxito de uno ruinoso.

Aspectos a tener en cuenta en la identificación de una propuesta única de ventas

Si no tienes una propuesta única de ventas obvia, invéntatela. Lo importante es que seas capaz de cumplir las promesas que hagas, ya que no tiene sentido que pretendas tener la mayor selección de alfombras en un radio de 80 kilómetros a la redonda si no es verdad (los consumidores no son tontos). También debe ser específica, puesto que las afirmaciones insulsas y vacías sobre el servicio o la calidad no sirven de nada. En definitiva, tu propuesta única de ventas no puede ser una opinión, sino una promesa concreta y objetiva sobre tu producto o servicio.

Colócate fuera de la empresa y mírala desde la perspectiva del cliente. Se trata de identificar los elementos de tu negocio que son o pueden presentarse como únicos. ¿A qué estás dispuesto a comprometerte para elevarte por encima de la competencia? Piensa en hacer visible lo invisible: ¿qué aspectos de tu negocio das por sentado y tus competidores no?

Precio

Diferenciar un producto o servicio mediante el precio es, sin duda, una opción a considerar, pero ten cuidado con ella porque está cargada de riesgos. Para empezar, los clientes que compran únicamente por el precio no resultan un buen mercado. Además, si te presentas como el vendedor con el precio más bajo en tu zona, tendrás que mantener esa estrategia y, si suben los costes por algún cambio con los proveedores o las condiciones económicas, puedes acabar perdiendo dinero. Los clientes te podrán decir que el precio es lo único que importa pero en realidad casi nunca es así, sino que la decisión de compra es compleja y puede verse sumamente influida por numerosos factores que no te costarán nada.

Servicio

Diferenciar tu empresa por el servicio que ofreces puede resultar eficaz, aunque corres el peligro de acabar con una propuesta única de ventas genérica, del tipo «máxima calidad de servicio», que en realidad no es una propuesta única de ventas porque no significa nada y, por lo tanto, no es efectiva. Tu propuesta única de ventas debe ser específica, como: «Compra un portátil y te regalamos 24 horas de asistencia técnica gratis durante una semana para que puedas empezar a trabajar inmediatamente».

Acuérdate de cuando Burger King introdujo la idea de que los clientes podían pedir la hamburguesa a su gusto. Hasta entonces, tanto ellos como su principal competidor, McDonald's, ofrecían una opción fija pero alguien en Burger King observó a algunos clientes retirar las rodajas de tomate, el pepinillo o la cebolla antes de dar su primer bocado y lo consideró una oportunidad para diferenciarse de la competencia. Y lo consiguieron. No sólo obtuvieron una ventaja competitiva, sino que redujeron los desechos, lo que redundó en un recorte en los gastos. Demostraron su deseo de dar a los clientes exactamente lo que querían y como lo querían.

Rookieconsejo

Observa el comportamiento de tus clientes. Tal vez puedas detectar que están asumiendo un servicio que tú podrías incorporar a tu oferta y así diferenciarte de tu competencia.

Entrega

A veces hay que esperar, incluso en estos días en los que todo es instantáneo. Si vendes un producto, ¿podrías presentar un servicio rápido, eficaz y garantizado como tu propuesta única de ventas? Aunque lo dejaron de utilizar, Domino's Pizza pasó de ser un pequeño negocio local a una marca internacional gracias a una propuesta única de ventas de gran éxito. Sabían que la principal queja de las pizzas a domicilio era que, cuando llegaban, o estaban frías o habían tardado tanto que el cliente había perdido el apetito. Por eso introdujeron la siguiente propuesta única de ventas: «Si no te la llevamos a casa en 30 minutos, te sale gratis».

Duración

Tal vez tu producto sea muy duradero y aguante toda la vida. Si confías en la calidad de tu producto y, sobre todo, tu mercado aprecia esa cualidad, invierte en lo que dices y respáldalo con una garantía de por vida como tu propuesta única de ventas: «Estas botas duran más que tú. O te devolvemos el dinero».

La propuesta única de ventas no es más que una vía para que el cliente potencial decida comprarte a ti y no a la competencia, y supone una diferenciación que deja patente la enorme confianza que depositas en tu producto, lo cual es sumamente atractivo.

Evidentemente, tienes que estar convencido, por un lado, de la calidad y duración del producto y, por otro, de que tus clientes quieren esa duración. Por ejemplo, muchas compañías de tejido artesanal están pasando apuros porque la gente ya no quiere comprar un jersey que les dure toda la vida, prefieren un producto más económico aunque se lo tengan que tirar después de sólo diez usos. Total, sólo pensaban ponérselo una temporada.

Exclusividad

Si sólo produces un número limitado de tu producto o atiendes a un número reducido de personas al año, podrías utilizar esa exclusividad como tu propuesta única de ventas. ¿Recuerdas el principio de la escasez de Cialdini que vimos en el capítulo 1? La gente detesta quedarse sin algo. Pero tampoco puedes anunciar que sólo existen 250 ejemplares, si tienes contratado a un proveedor en China que te está fabricando 5 millones de unidades. ¿Tienes alguna máquina que no tenga nadie más? ¿O un proceso patentado en tu negocio que te coloque por delante de la competencia? ¿Cuentas con una clientela exclusiva?

Rookieconsejo

¿Te has preguntado por qué todas las Navidades se agotan ciertos productos (por ejemplo un modelo de teléfono móvil o una videoconsola)? La exclusividad fomenta el interés y el deseo por determinados productos disparando sus ventas...

Comodidad

¿Tu empresa ofrece un atajo para solucionar algún problema? ¿Libera tiempo al cliente o hace su vida más fácil o sencilla de alguna manera? Con las exigencias de la vida moderna, existe siempre el deseo de la comodidad. Tal vez tengas una empresa de alquiler de coches; si te ofreces a conducir el vehículo hasta tu cliente y cumplimentar el papeleo en sus instalaciones, podrías estar atrayendo a un tipo concreto de cliente y tomando la delantera a los que no ofrecen un servicio tan cómodo. ¿Cómo podrías facilitar al cliente que haga negocios contigo?

Disponibilidad

Todo el mundo tiene prisa y quiere las cosas inmediatamente. El servicio de alquiler de vídeos Ezy aprovechó esta situación con gran efectismo cuando presentaron su propuesta única de ventas: «Si no lo encuentras a la primera, te lo llevas gratis». Sabían que a sus clientes les frustraba acercarse a alquilar algún estreno que no estaba disponible, así que remediaron esa frustración y, de paso, consiguieron diferenciarse de la competencia.

Piensa también en la forma en que envasas u ofreces tu producto o servicio. Por ejemplo, si tienes un vivero particular, ten en cuenta que las grandes cadenas sólo ofrecen bolsas estándar de productos como arena o fertilizante orgánico. Podrías dejar que los clientes comprasen lo que necesitan y cobrar más por ese privilegio.

Garantía

Tal vez ofrezcas una garantía excepcionalmente larga para tu producto o servicio, o que cubre más aspectos que la competencia. Las personas buscan seguridad en sus decisiones de compra y las garantías les ayudan a conseguirlo.

La aseguradora Hiscox lo ha hecho a la perfección, llamando la atención del cliente ante el hecho de que ellos cubren más partes que los seguros normales de la competencia. Al fin y al cabo, ¿qué sentido tiene pagar un seguro si después te rechazan una reclamación por la letra pequeña?

Personal, capacidades y sistemas

¿Tus empleados tienen alguna formación, capacidades o experiencia concreta que les sitúe en la vanguardia de su profesión? ¿Alguno de tus empleados ha ganado un premio sectorial o una mención externa por sus conocimientos? Los clientes quieren saber que están recibiendo los mejores consejos. Si trabajas en un sector en el que son necesarias amplias titulaciones y experiencia, asegúrate de que tus clientes lo saben. ¿Tu empresa implementa sistemas de eficiencia para garantizar la excelencia organizativa? ¿Hay algún aspecto especial sobre la forma en que diriges los negocios que garantice una cualidad y entrega constantes?

Ventajas de producto

Piensa en el producto o servicio real que ofreces en la empresa, ¿existe alguna ventaja particular del producto que desconozcan tus clientes? Muchas veces, no hace falta que sea única, pero puede que pase desapercibida para tus clientes.

Hay una historia estupenda del genial estratega de marketing Claude Hopkins, que recibió el encargo de ayudar a la cerveza Schlitz en 1919. La marca sufría problemas de imagen y estaba pasando por muchos apuros. Hopkins fue invitado a visitar la planta de Schlitz y recorrió el proceso de fabricación. Pese a estar situada a orillas del lago Michigan, la compañía utilizaba cinco pozos artesianos de 1.200 metros de profundidad para encontrar un agua más pura. También empleaban una levadura fruto de unos 2.500 experimentos distintos destinados a mejorar el sabor. La cerveza se condensaba, se destilaba y se recondensaba en cinco salas con unas ventanas con cristales para una mayor pureza. A continuación, le presentaron a los cinco catadores que probaban la cerveza en cinco fases distintas del proceso de elaboración y, finalmente, le condujeron a la planta de embotellado donde cada botella se limpiaba doce veces.

En realidad, la compañía no estaba haciendo nada fuera de lo normal, sino que aquél era el proceso que seguían todos los productores de cerveza, aunque Hopkins fue el primero en decírselo al público y, al hacerlo, hizo visible lo invisible. Le contó a los consumidores lo que la cervecera daba por sentado y Schlitz se convirtió en el número uno en el sector en cuestión de seis meses. Al explicar el proceso de fabricación al público, aunque no tuviera nada de excepcional, la empresa sacó una ventaja de apropiación sobre sus rivales.

¿Qué ventaja o información de tu producto das por sentado que a tu cliente le pueda parecer interesante o inspiradora? Tal vez ya estés prestando un servicio superior a la media o tu producto es exclusivo en el sector, pero si no se lo dices a tus clientes, ellos nunca lo sabrán, así que haz visible lo invisible.

La ventaja del pionero

¿Has sido el primero de tu sector en ofrecer algo distinto? Ser precursor sigue siendo muy atractivo en el marketing, pero tiene que ser cierto y demostrable.

Rookieconsejo

La innovación tiene premio en el ámbito del marketing. Ser el primero en hacer algo (o en comunicar que lo haces) dará una mayor fuerza a tu propuesta única de ventas.

Da alas a tu propuesta única de ventas con la inversión del riesgo

Cuando hayas identificado tu propuesta única de ventas, puede ser conveniente que añadas a la reivindicación una inversión del riesgo. ¿Y qué es la inversión del riesgo? Simplemente se trata de ofrecer un modo de invertir el riesgo asociado a la compra.

Cuando dos partes convergen para llevar a cabo un negocio, el comprador debe asumir cierta cantidad de riesgo en la operación, especialmente cuando es la primera vez que trata con una empresa. Uno de los temores que solemos tener cuando nos enfrentamos a una decisión de compra, sobre todo si es considerable o importante, es que sea la opción equivocada. ¿Qué ocurre si compro esto y no funciona? ¿Y si cambio de opinión? A nadie le gusta equivocarse o hacer el ridículo y ésa es la razón por la que la gente sale de una tienda o cuelga una llamada para pensárselo... y a veces nunca vuelve. Ese riesgo asumido es un obstáculo para la venta.

La inversión del riesgo significa, sencillamente, que eliminas el riesgo y todos los temores asociados y, en su lugar, ofreces una razón concluyente y tranquilizadora por la que deben comprarte a ti y no a la competencia. Pongamos que quiero comprar un caballo y, después de semanas buscando, he reducido mis opciones a dos caballos que serían perfectos. ¿Cuál compro? Aquel cuyo vendedor haya eliminado el riesgo que debo asumir, diciéndome que me lo lleve dos semanas y, si no me parece el caballo perfecto por cualquier razón, él vendrá a buscarlo. Eso es exactamente la inversión del riesgo, una técnica muy poderosa que reduce los obstáculos hasta el punto de que a tu cliente le resultará fácil saltar por encima.

Lo irónico de la inversión del riesgo es que la mayoría de las empresas sensatas ofrecerán a sus clientes, sin mayores problemas, la devolución del importe y una disculpa si algo sale mal con su producto o servicio. Si tienes claro que si no logras estar a la altura de tu compromiso vas a devolver el dinero a tu cliente y harás cualquier cosa con tal de rehacer la operación y recuperar su confianza, ¿por qué no lo dices directamente? Si crees en tu producto o servicio, ¿por qué no lo garantizas?

Rookieconsejo

Si crees firmemente en tu producto y estás dispuesto a devolver el dinero a tus clientes no satisfechos ¿por qué no garantizarlo y hacerlo explícito?

No se trata, en cualquier caso, de garantizar que el producto o el servicio va a funcionar siempre. En el caso del caballo, el vendedor no podrá garantizarme que su caballo ganará la próxima carrera en el hipódromo, lo que hace es asegurarme que si no estoy satisfecho transcurridos quince días, él no hará preguntas: me devolverá el dinero sin mayor problema. Se trata de eliminar el temor que invade a cualquiera ante la posibilidad de elegir una opción errónea y desperdiciar el dinero. Tal vez el vendedor pueda confiar en que su caballo es un pura sangre excepcional y que es posible que sea un campeón, y en ese caso sí que me puede transmitir su confianza, pero nunca debo esperar que sea una garantía. En cualquier caso, también sabemos que, aunque el caballo no gane nunca, la probabilidad de que acabe devolviendo el producto es muy reducida… ¡La apatía es el héroe olvidado del marketing de éxito!

Añade inversión del riesgo a tu propuesta única de ventas y multiplicarás los resultados. Recuerda el caso de Domino's Pizza y su garantía de reembolso si la pizza se entregaba 30 minutos tarde.

A estas alturas, ya te habrás dado cuenta de que definir una propuesta única de ventas y darle fuerza con una garantía firme no es para pusilánimes. Necesitas creer en tu negocio al 100%. La mejor forma de aplicar la técnica de la inversión del riesgo con los máximos resultados consiste en recurrir a las principales preocupaciones de tus clientes y eliminarlas. Muchas veces, sólo existe la duda de tomar la decisión equivocada y perder dinero, así que una garantía generalizada de devolución del importe es convincente. De lo contrario, sé específico.

Una de las frustraciones más clásicas de la gente cuando necesita llamar a un técnico es que nunca vienen cuando dicen que van a venir, o empiezan el trabajo y lo dejan durante semanas mientras terminan el proyecto de otra persona. Si eres albañil y conoces esta fuente de molestias para los clientes, que en su mayoría han experimentado un nivel muy bajo de servicio en algún momento y están desesperados por no repetirlo, puedes aprovecharte de ese miedo y eliminar el riesgo por adelantado. En este sentido, tu propuesta única de ventas podría ser:

- Si llegamos tarde, la reparación es gratis.
- Sólo reformamos una vivienda a la vez y permaneceremos en el solar todos los días laborables hasta el fin de la obra o recibirá un cheque de 1.000 euros.

Lo que más asusta sobre la inversión del riesgo es el miedo a que los clientes abusen de la garantía y la empresa acabe perdiendo dinero. Evidentemente, es una posibilidad, aunque muy poco frecuente. Si alguien te compra algo y le entregas el producto o servicio lo mejor que sabes, es raro que el cliente vaya a abusar de tu garantía. Por otro lado, si no cumples tu promesa debes atenerte a la garantía y aplicar la inversión del riesgo para exigir una experiencia mejor y más coherente para el cliente en el futuro.

La inversión del riesgo como control de calidad en tu empresa

Incorporar el elemento de la inversión del riesgo a tu oferta supone la ventaja añadida de elevar el negocio a un estándar de rendimiento más coherente, ya que enseguida descubrirás que surge un círculo vicioso. Al atraer la atención del cliente hacia tu propuesta única de ventas te estás diferenciando de la competencia y, garantizando el cumplimiento de esa propuesta, eliminas cualquier posibilidad de que el cliente se arrepienta de su decisión de compra. Eso, a su vez, elevará tu rendimiento empresarial porque querrás evitar devolver dinero a nadie. Así mejoras la atención y el rendimiento, y el cliente está encantado (y se sabe que los clientes contentos son mucho más propensos a seguir comprando y recomendarte a otras personas).

Una propuesta única de ventas con una declaración firme de inversión del riesgo te abre las puertas de tu cliente, algo fundamental en un mercado tan competitivo.

Rookieherramientas

Puedes conseguir que tu empresa destaque entre un mar de competidores identificando una propuesta única de ventas basada en los temores, frustraciones y principales motivos de preocupación de tu clientela y eliminando el riesgo asociado a la decisión de compra.

Piensa en el sector donde operas: ¿cuáles son las grandes preocupaciones y temores de tu cliente potencial? Define al menos cinco motivos de preocupación para tu cliente. Si no estás seguro, pregunta a tu equipo de ventas qué clase de objeciones escuchan cuando intentan realizar una venta. ¿Qué retiene a los clientes ante la decisión final de compra? Tal vez te ayude pensar en los diez aspectos que hemos comentado antes.

- Precio. «Me da miedo poder encontrarlo más barato en otro sitio». Inversión del riesgo: «Si lo encuentras más barato, te devolvemos el doble de la diferencia en efectivo».
- Servicio. «Necesito este proyecto terminado antes de Navidad y me da miedo que no lo esté». Inversión del riesgo: «Garantizamos la fecha de finalización o te pagamos 1.000 euros por cada día de retraso».
- Entrega.
- Duración.
- Exclusividad.
- Comodidad.
- Disponibilidad.
- Garantía.
- Personal, capacidades y sistemas.
- Ventajas del producto.

Rookie en acción: implica a tu equipo en el proceso de identificación de una propuesta única de ventas. Puede que posean conocimientos e información sobre tus clientes que tú desconoces. Pon en común algunas ideas y elabora una propuesta convincente que te diferencie de la competencia. Cuando hayas identificado de qué manera puedes diferenciarte de la multitud, debes aprovechar cualquier oportunidad para comunicarlo. Integra tu propuesta única de ventas en toda tu publicidad, añádela en tus tarjetones, membretes, todas las facturas, en tu sitio en la Red... Cualquier comunicación que envíes desde la empresa debe incluir la propuesta única de ventas. Y, después, atente a ella o, si no es posible, cumple in-mediatamente con tu garantía.

Cosas que voy a hacer...

Cosas que necesito que otros hagan por mí...

Una vez que tengas claro quiénes son tus mejores clientes y cuál es tu propuesta única de ventas, puedes recurrir a testimonios con gancho que respalden tus afirmaciones con comentarios de tu negocio por parte de terceras personas. Por mucho que les cuentes a tus clientes lo maravilloso que eres, sólo te creerán si lo experimentan de primera mano o si se lo cuenta otra persona.

CAPÍTULO

Recluta un ejército de ventas gratuito

El marketing de testimonios puede marcar una diferencia considerable en tu capacidad para atraer a nuevos clientes y, sin embargo, se calcula que menos del 2% de las empresas lo utilizan. Obviamente, este tipo de marketing sólo es apropiado si tienes una legión de clientes satisfechos aunque, si no es así, seamos francos, la menor de tus preocupaciones es cómo encontrar y utilizar testimonios favorables.

Los testimonios deben su fuerza a los factores de influencia psicológica que explicamos en el primer capítulo. En concreto, hay dos aspectos que funcionan conjuntamente de cara a su efectividad: la aprobación social y la autoridad.

La aprobación social es lo que nos lleva a decidir lo que es correcto, mirando a nuestro alrededor y descifrando lo que piensan los demás. Ver a otras personas actuando de una manera determinada nos confirma que ésa es la forma correcta de hacer las cosas. La aprobación social es especialmente efectiva en situaciones nuevas, cuando nos encontramos en territorio desconocido. Por ejemplo, si vas por primera vez a un restaurante caro y no estás seguro de qué tenedor o cuchillo utilizar con cada plato, instintivamente miras a tu alrededor para ver qué hacen los demás. Lo mismo es válido cuando conduces por una carretera por la que nunca habías pasado antes, en algunos aspectos (como por ejemplo la velocidad a la que conduces) dependerá más de la conducta de los demás que de las señales de circulación que indican la velocidad máxima, por ejemplo. Este aspecto de la conducta humana es el tema de conversación de muchos padres e hijos de todo el mundo. Cuando una madre regaña a su hijo porque se ha ensuciado jugando en el barro y el niño responde que lo ha hecho porque todos los niños lo hacían, la madre indefectiblemente pregunta, «Y si los demás se tiran por un precipicio, ¿te tirarías tú también?». Lo cierto es que probablemente sí...

Está claro que somos animales gregarios y los expertos en marketing y vendedores inteligentes llevan años aprovechándose de eso en nuestra contra. Los camareros listos, por ejemplo, meten un billete doblado en su bote de propinas cuando empiezan el turno para que los clientes crean que dar billetes de propina es lo normal en esa cafetería. Los curanderos milagrosos piden a un gancho que se acerque al estrado y simule una sanación milagrosa para que los demás crean que es posible y se deshagan de la calderilla que han ganado con el sudor de su frente. Y esto nos lleva claramente al segundo factor de influencia psicológica: la autoridad.

Si la persona que nos manda o aconseja alguna acción concreta resulta encontrarse en una posición de autoridad, somos mucho más propensos a dejarnos influir por su opinión. Las opiniones de los políticos, doctores, científicos e incluso los predicadores tienen más peso que la del resto de ciudadanos. La gente coloca en un pedestal a las personas con autoridad sin necesidad de que demuestren merecérselo.

Rookieconsejo

El valor de una opinión depende directamente de la autoridad que se confiere a quién la emite. La valoración de un médico sobre un producto dietético tendrá más importancia que la de un operario de una fábrica.

El ejemplo más claro del valor de la autoridad que otros puedan tener sobre nosotros es el funcionamiento del placebo medicinal. Cuando un médico receta un placebo, el paciente puede experimentar una mejoría de los síntomas simplemente al contagiarse de la actitud y el entusiasmo mostrados por el médico (influenciado por su autoridad).

Pero, ¿qué tiene que ver esto con el marketing? La aprobación social es un elemento potente sobre todo en situaciones nuevas y confusas, como puede ser una decisión de compra en la que nos enfrentamos a múltiples opciones de gastar dinero. Incluso si hemos decidido comprar un coche, aparecen numerosas posibilidades en cuanto a qué coche es mejor. Decidir si comprar o no puede provocar incertidumbre y, cuando se da, queremos certeza. En circunstancias como éstas nos dejamos influir inconscientemente por lo que piensan y hacen los demás, y es que somos increíblemente susceptibles a su influencia, nos guste o no. Si eres capaz de reunir testimonios sinceros y auténticos sobre algún aspecto de tu negocio que pueda ser motivo de preocupación para tus clientes, tienes un medio de aliviar la confusión y ayudarlos a comprar. Asegúrate de que el mercado conozca las experiencias felices y positivas de tus clientes con tu negocio.

La eficacia del marketing de testimonios depende enteramente de la integridad de los mismos. En ningún caso puedes inventártelos. Es cierto que algunos empresarios lo hacen, pero los clientes no son estúpidos y lo acaban descubriendo. Al final, el regusto amargo que les dejas te saldrá muy caro.

Está claro que nos dejamos influir por las opiniones de terceros, pero ¿importa quiénes sean? Por lo visto, sí. En su libro *¡Sí!* (publicado por LID Editorial), Noah J. Goldstein, Steve J. Martin y Robert B. Cialdini se propusieron identificar, entre otras cosas, a quién prestamos más atención cuando buscamos la manera correcta de hacer alguna cosa. Dado que nos dejamos influir por la conducta de los demás y decidimos lo que es correcto a partir de lo que ellos hacen, ¿existe algún tipo de persona más influyente que otra?

Lo fascinante de la aprobación social es que, si le preguntas en qué medida los testimonios ofrecidos le han servido como elemento de decisión, lo más probable es que niegue que hayan tenido cualquier influencia en su compra. Sin embargo los estudios al respecto indican lo contrario.

Rookieconsejo

Negamos sistemáticamente que los testimonios tengan efectos sobre nuestras decisiones de compra, sin embargo los estudios demuestran todo lo contrario.

Para ilustrar este punto, los autores investigaron la práctica hotelera de animar a los huéspedes a reutilizar las toallas. Que los clientes creyeran realmente en la reivindicación ecológica del hotel o pensaran que era una forma cínica de aumentar los beneficios no parece importar, puesto que la mayoría de los huéspedes reutilizan las toallas al menos una vez durante su estancia. La cuestión era si se podía mejorar el ritmo de reutilización cambiando el mensaje en las tarjetas que se dejan en las habitaciones del hotel. En la mitad de las habitaciones, la tarjeta pedía a los clientes que reutilizaran sus toallas para conservar el medioambiente y, en la otra, llevaba un mensaje que recurría a la aprobación social. Estas últimas tarjetas no decían nada más que la verdad, que la gran mayoría de los clientes del hotel reciclaban sus toallas al menos una vez durante su visita. Los resultados demostraron que los huéspedes que leían este dato reutilizaban sus toallas un 26% más que los que recibían el mensaje medioambiental estándar.

Y, lo que es más fascinante todavía, cuando ampliaron el estudio para relacionar la conducta deseada a una habitación en particular, el índice de respuesta volvía a dispararse. En la mitad de las habitaciones se dejó el mensaje estándar que animaba a los huéspedes a pensar en el medio ambiente y reutilizar sus toallas, mientras que, en el resto, los clientes leían que la mayoría de las personas que se habían alojado previamente en esa habitación en concreto habían reutilizado su toalla al menos una vez. El resultado fue un incremento del 33% en el reciclado.

¿Por qué se siente alguien más responsable de imitar la conducta de otra persona que se haya alojado en su misma habitación de hotel? La respuesta es la aprobación social. Albergamos la suposición (ya sea lógica y sensata, o no) de que si me encuentro en la habitación 101 hay muchas probabilidades de que comparta muchas características con la persona que estuvo aquí antes que yo. Por ejemplo, los clientes que reservan una suite suelen compartir las mismas características (al menos socioeconómicas).

Rookieconsejo

Los testimonios refuerzan nuestro sentimiento de pertenencia y aprobación social.

La aprobación social es el reconocimiento de que nos dejamos influir por personas que son (o al menos que percibimos que son) como nosotros y es un hecho que repercute considerablemente en tu búsqueda de testimonios poderosos. Si quieres convencer a un cliente potencial concreto o público objetivo sobre la validez de tu producto o servicio, consigue testimonios de personas que coincidan con él. Si, por ejemplo, tu cliente potencial es un albañil, enséñale un testimonio de otro albañil o fontanero. Si es una esteticista, tranquilízala compartiendo con ella los entusiastas comentarios de otras personas del sector de la belleza que hayan comprado tu producto o servicio y estén encantadas con los resultados. Irónicamente, tu producto ni siquiera tiene que estar relacionado con el sector, porque la tranquilidad surge de saber que otras personas como ella también te han comprado.

Si quieres enfocar tus esfuerzos de marketing a un público objetivo concreto, recurre a testimonios que hablen directamente desde y hacia ese público. Los testimonios son una manera estupenda de contar a los clientes las ventajas adicionales de tu negocio sin que parezcas un bicho raro o alguien soberbio y falto de la más elemental modestia.

Los testimonios son informales, explican los matices de tu oferta y arrojan luz sobre tu ética y tus valores profesionales, dos aspectos increíblemente difíciles de articular de cualquier otra forma sin hacer el ridículo. En ocasiones, los testimonios ofrecen una instantánea de las personas que hay detrás de la empresa y añaden un toque de personalidad, lo cual, te guste o no, es importante.

Ten en cuenta que los testimonios también pueden servir para alejar a clientes potenciales que no se vean reflejados e incluso sientan cierto rechazo por el tipo de testimonios elegidos, pero no pasa nada. Por ejemplo, si tus testimonios denotan que tu forma de trabajar es desenfadada, harás que quien busque un servicio en el que se guarden ciertas distancias sienta rechazo y decida no contratarte.

Rookieconsejo

Si tienes claro cuál es el tipo de cliente con el que prefieres trabajar no te debería importar dejar pasar a aquellos que no encajan en tu filosofía de trabajo.

Recomendaciones de famosos o figuras de autoridad

La última clase de testimonios muy potentes son las recomendaciones de famosos y opiniones de expertos. Por alguna razón, la sociedad moderna ha elevado la fama a una posición de autoridad y los famosos, incluso del tipo *quince minutos de fama* (como por ejemplo los concursantes de programas de telerrealidad), parecen atraer inexplicablemente una cantidad considerable de influencia en el mercado actual.

Aunque las recomendaciones de famosos propiamente dichos pueden estar fuera del alcance de las pequeñas empresas, merece la pena buscar la opinión de un científico experto que pueda respaldar tus afirmaciones. Si perteneces a un negocio en el que existe gran cantidad de investigación y desarrollo, haz que tus *cerebritos* hablen de ciencia y utilízalo en tu marketing. Tal vez des por sentada su experiencia pero asegúrate de que tu público conozca su contribución porque añade peso y credibilidad a tu oferta, y mejora considerablemente tus resultados de marketing.

Rookieconsejo

Tal vez las recomendaciones de famosos queden un poco lejos de tus posibilidades, pero seguro que conoces a alguien (un médico, un investigador...) que puede aportar ese extra de autoridad a tus testimonios.

Cómo desarrollar y localizar testimonios

Recabar testimonios depende de dos factores muy sencillos: preguntar a la gente correcta e incluirlo en el proceso de atención al cliente. Para preguntar a la gente correcta, identifica a tus mejores clientes en términos de dinero y duración. Si has puesto en práctica los consejos del capítulo 2, te sabrás esa información al dedillo. Si no, pregunta a tu equipo de ventas o atención al cliente qué tipo de clientes tienen más probabilidades de dar un testimonio positivo sobre tu empresa.

Después, llama al cliente y mantén una conversación sobre su experiencia con tu negocio. Explícale que estás tratando de crear una base de testimonios de clientes actuales que estén satisfechos con los productos y servicios que ofrece tu empresa. Es importante que no pongas palabras en boca del cliente, sino que le dejes hablar libremente de su experiencia. Tal vez te desanime saber que algunos clientes siguen contigo más por costumbre que por satisfacción, pero puedes aprovechar esta oportunidad para descubrir si hay algo que puedas hacer para mejorar su experiencia. Y, si lo hay, hazlo.

Tu trabajo consiste en escuchar a tus mejores clientes y tomar nota. Formula preguntas que iluminen aspectos concretos que te interesen, especialmente cualquier experiencia que ratifique tu propuesta única de ventas. Por ejemplo, si tu propuesta tiene que ver con la entrega, necesitarás encontrar testimonios que hablen directamente de la eficiencia y rapidez de tu empresa.

Recuerda al cliente que los testimonios tienen más gancho cuanto más específicos, mensurables y personales sean. Pídeles que te envíen un testimonio o, mejor aún, proponles escribir algo a partir de las notas que has tomado y mándaselo por correo electrónico para su aprobación. De esta forma, tendrás más probabilidades de conseguir su testimonio y puedes asegurarte de que cumple las reglas anteriores. Eso sí, limítate a parafrasear lo que realmente hayan dicho... ¡No te inventes nada!

Asegúrate de que la solicitud de un testimonio se integra en el servicio de posventa, porque existen más probabilidades de que un cliente ofrezca un testimonio cuando la compra es reciente y está entusiasmado con su decisión. La gente enseguida se acostumbra a las cosas o se olvida de lo maravillosas que fueron aquellas vacaciones a los pocos días de haber vuelto a casa. Adelántate a las circunstancias y pide un testimonio.

También merece la pena asegurarse de que el personal de atención al cliente está al corriente de que buscas reseñas entusiastas, de manera que, si un cliente está al teléfono y les felicita por el servicio o producto, le puedan preguntar si autoriza que citen su comentario. Sólo hace falta que tomen nota de las palabras exactas, obtengan el permiso del cliente y ya está.

Rookieherramientas

Un buen testimonio es...

Específico. Los detalles son importantes en cualquier texto y los testimonios no son una excepción. ¿Cuál de las siguientes frases tiene más gancho?

- «La empresa X nos dio un servicio excelente».
- «La empresa Y fue mucho más allá. Subsanaron un error que habíamos cometido y se desplazaron 160 kilómetros para asegurarse de que el material de impresión se entregase a tiempo».

La segunda es mucho más potente porque es específica. La primera es demasiado genérica y, por eso, pierde credibilidad. Así que la regla número uno es buscar testimonios concretos que llamen la atención de tus clientes potenciales sobre las grandes razones de venta.

Mensurable. De nuevo, tiene que ver con el grado de detalle del testimonio, aunque en este caso sobre la capacidad de medirlo. Cuantificar una afirmación aporta fuerza a la recomendación. ¿Cuál de las siguientes frases tiene más fuerza?

- La empresa X nos ayudó a aumentar los ingresos.
- La empresa Z nos ayudó a ganar 20.000 euros adicionales en tres meses.

La segunda es más convincente porque cuantifica lo que la empresa Y hizo por ese cliente. No sólo es más creíble, sino que posee mucha más fuerza y puede realmente ayudar a que un cliente potencial se anime a comprar.

Con nombre y apellidos. En ocasiones, según el negocio, los clientes no quieren firmar los testimonios, por ejemplo en el caso de un cirujano plástico cuyas pacientes, por lo general, prefieren que sus amigas y familiares no sepan que se han hecho un aumento de pecho. En algunos casos, las iniciales o un pseudónimo pueden ser suficientes, pero ten siempre la mente abierta al respecto. De lo contrario, haz que tus clientes satisfechos firmen el testimonio porque no es lo mismo leer un comentario de «Eileen Jeffries de Oxford» que de «E.J.». El segundo caso levanta sospechas en cuanto a su veracidad, así que añade el dato.

Siempre que sea posible, especifica el nombre completo y lugar de residencia. Si perteneces al sector del servicios a empresas [B2B], el testimonio puede que cobre más peso si añades el tipo de negocio y cargo.

Si es necesario, explica quién es el cliente para añadir fuerza a su recomendación. Si, por ejemplo, has vendido sartenes de alta calidad, tal vez hayas recibido un comentario sobre la excepcional calidad y durabilidad de Paul Smith, de Londres. El poder de su testimonio puede ampliarse si, además, subrayas que Paul Smith es el cocinero jefe del Hotel Ritz o el director de la mayor escuela de cocina del país. Obviamente, no siempre es el caso pero cuando el cargo del cliente añada fuerza, utilízalo.

Con consentimiento. No debería suponer ningún problema pero si pides un testimonio a alguien, asegúrate de que sepa dónde vas a utilizarlo. Que el cliente sea consciente de que puede aparecer de cuando en cuando en tu material de marketing o en tu sitio en la Red. De esta forma, si tiene alguna objeción podrá comunicártela inmediatamente.

Rookie en acción: cuando tengas algunos testimonios convincentes de tus clientes satisfechos, tendrás que integrarlos en el material de marketing, es decir, incluirlos en los folletos o el marketing de respuesta directa y asegurarte de que empleas testimonios de personas parecidas al público meta de tu campaña de marketing. También puedes añadirlos de forma fácil y barata a la página web. Si procede, deja una carpeta llena de recomendaciones entusiastas en la sala de espera o exponlas en la pared de la recepción. Los testimonios son una recomendación poderosa de terceros para tu empresa, así que utilízalos y verás cómo aumentan los resultados.

Cosas que voy a hacer...

Cosas que necesito que otros hagan por mí...

Todos sabemos que es mucho más caro conseguir un cliente nuevo que mantener a uno actual y, sin embargo, muchas empresas se reservan todas sus ofertas interesantes para los nuevos clientes en lugar de ofrecer un trato similar a quienes ya lo son. Este capítulo analiza las formas de invertir esa tendencia para asegurarte que mantienes a tus clientes a largo plazo. Ampliar mercado siempre es inteligente pero, mientras tanto, no te olvides de quienes ya te están comprando.

Aumenta la fidelidad y mejora la retención de clientes

Lo fantástico de las pequeñas empresas es su gran movilidad. Para una gran cadena o marca global, innovar puede llegar a ser tan complejo como cambiar de rumbo para un trasatlántico. Las empresas pequeñas pueden ser flexibles y responder verdaderamente a las condiciones cambiantes del mercado porque las personas con poder de decisión suelen estar mucho más cerca del cliente y, por lo tanto, su tiempo de respuesta ante esos cambios es mucho menor.

Por todo esto, deja de preocuparte por las grandes empresas y empieza a compadecerlas. Ellas no pueden actuar con la misma rapidez que tú y esa reacción inmediata, precisamente, es la que permite a las empresas forjar relaciones y fidelidad en sus clientes. Si tu personal de atención al cliente sabe que se les permite, dentro de lo razonable, hacer todo lo necesario para garantizar que los clientes estén contentos, podrán desarrollar relaciones y no tendrán que limitarse únicamente a seguir un plan sistemático. Está claro que estos planes son fantásticos y pueden garantizar una entrega constante, pero los negocios tienen que ver más con la interacción entre seres humanos.

Rookieconsejo

Las empresas pequeñas tienen una mayor capacidad de maniobra lo que les permite estar mucho más cerca de las necesidades cambiantes de los clientes. Deja de quejarte del poder de las grandes empresas y aprovecha tu tamaño para ganarles la partida.

¿Por qué es tan importante la fidelidad?

Cuando convences a alguien de que venza sus objeciones para que te compre, aunque sea solo en una ocasión, creas una relación. Ésta es frágil al principio pero te permite (siempre que no lo estropees) ampliar y crecer en ese vínculo que puede llegar a ser tan fuerte como para que tu cliente se convierta en un defensor acérrimo de tu empresa.

Es un hecho probado que las personas prefieren hacer negocios con quienes les caen bien. Si les gustas, seguirán contigo y, si les ayudas a conseguir lo que quieren, también. Si metes la pata pero te disculpas inmediatamente y haces todo lo posible por solucionar el problema, seguirán haciendo negocios contigo. El margen que ganas sólo con promocionar tus relaciones también puede significar que, incluso cuando cometas un error, los clientes te perdonarán con mayor seguridad si les caes bien. Cuando nos enfrentamos a una decisión de compra que incluye a una persona que nos cae bien y un buen producto u otra persona que nos resulta antipática y un producto excelente, la persona simpática siempre consigue la venta.

Desgaste

Tu empresa perderá clientes por la propia dinámica de las relaciones comerciales, pero el número de clientes que pierda dependerá de ti. Algunos se marcharán porque les has tratado inadecuadamente o porque no cumples tus promesas y, en esos casos, sinceramente te lo mereces. A otros los perderás porque han dejado de necesitar tus servicios o ya no perciben la necesidad o aprecian las ventajas que puedes ofrecerlos. Y en un tercer grupo tenemos a los clientes que se pierden por simple apatía.

Rookieconsejo

Una importante parte de tus clientes dejarán de serlo por apatía. ¿Estás dispuesto a dejarles marchar así como así?

En las manos correctas, la apatía representa una herramienta poderosa de ventas pero, si no cuentas con los sistemas necesarios para luchar contra ella, estás perdiendo clientes que, con un poco de atención, probablemente estarían encantados de seguir comprándote.

Las circunstancias personales varían y, por eso, posponemos la suscripción a una revista o un viaje al extranjero y cancelamos un pedido del club de vinos, pensando en que quizá más adelante volvamos a contratar esos servicios. Sin embargo nuestras condiciones cambian o, simplemente, recibimos la oferta de un competidor que consideramos mejor y el cliente se acaba perdiendo.

¿Qué hacer para mantener contentos a los clientes? Dales reconocimiento, comunícate con ellos, sé agradecido, dales más información, mejores ofertas, más conocimiento, más valor, más servicio, mejores garantías... Recompénsales por seguir contigo y ponles muy difícil la posibilidad de dejarte.

Rookieconsejo

Las estrategias para mantener contento a un cliente son bastante obvias: trátale bien, ofrécele ventajas por seguir siendo tu cliente y premia su fidelidad. Que se vayan con la competencia será muy difícil si se sienten *tratados como se merecen.*

Siete pasos para conservar un cliente fiel

Discúlpate

Tu política de reclamaciones debería ser sencilla: si el cliente que se queja pertenece al 20% de los clientes que suponen el 80% de tus ingresos, haz todo lo que esté en tus manos para solucionar el problema y que se quede contento. Si esa persona tiene influencia o acceso a una red de personas con ideas afines que pueda beneficiarse de tu producto o servicio, haz lo posible para que esté contento y, si metes la pata, discúlpate en persona y con estilo.

Preocúpate de informar a toda la empresa de esta política, de manera que los clientes nunca escuchen que no se les puede ayudar porque la persona con la que tienen que hablar se ha ido a comer... Al contrario, autoriza al personal a gestionar las reclamaciones en el momento o, si no es posible, que tomen nota de los detalles y se comprometan a ponerse en contacto al final de la jornada (asegúrate de que lo hacen).

Rookieconsejo

Los errores son menos errores si tu disculpa es rápida, sincera y efectiva.

Recompensa y amplía tu propuesta única de ventas

La fidelidad para con tu empresa surge cada vez que cumples tus promesas. Curiosamente, también se ve beneficiada si cometes un error y solventas el problema con celeridad. La fidelidad surge de las buenas ofertas y de que el cliente vea que hablas en serio y te atienes a tu palabra.

Con demasiada frecuencia, vemos descuentos y ofertas especiales destinadas a atraer a nuevos clientes hacia una empresa concreta (piensa, por ejemplo, en las empresas de telefonía móvil). Es lógico tratar de conseguir clientes nuevos, pero ¿qué ocurre con los actuales? Más vale que te asegures de que tus ofertas de introducción no funcionan a costa de tus clientes existentes. Recuerda que tus antiguos compradores son los nuevos clientes de la competencia y, si no tienes cuidado, puede que terminen tentados de abandonarte.

Si te concentras en el objetivo de tentar a nuevos clientes, utiliza las relaciones públicas y la publicidad para transmitir un mensaje especial a tus clientes actuales. Busca la manera de compensarles también para que no vean ningún anuncio que provoque su enfado. Convierte la oferta de introducción a nuevos compradores en tema de conversación y mándales una carta diciendo que, probablemente, hayan visto en el periódico local una estupenda oferta de introducción, porque llegar a gente nueva es importante para cualquier empresa, pero que sigues apreciando quienes ya confían en tu empresa y que, durante el plazo de esa oferta de introducción, quieres agradecer su fidelidad ofreciéndole esto o aquello.

La viabilidad de esta estrategia dependerá de cada empresa. La banca tiene fama de lanzar ofertas de introducción que consiguen que la gente entre en la sucursal y se abra una cuenta pero que, pasado el plazo inicial, los beneficios prometidos se esfuman. Como resultado, la mayoría de los clientes ni siquiera se dan cuenta de que la oferta era pésima. Ofrecer unos tipos igual de buenos a los clientes puede no ser viable económicamente, pero hasta un negocio como un banco puede encontrar la manera de recompensar a sus clientes actuales. Quizá podrían crear una herramienta de asesoría financiera u ofrecerles una revisión anual gratuita de sus finanzas para encontrar un modo mejor de gestionar su dinero. Nada de esto cuesta mucho, pero consigue que los clientes actuales se sientan apreciados y eso es sumamente importante si tienes intención de conservarlos.

Cuando estudies las posibilidades de recompensar a tus clientes actuales, concéntrate sobre todo en tu propuesta única de ventas. Si ellos ven que su contenido es cierto y cumples a rajatabla, estarás creando confianza, un elemento imprescindible para la fidelidad.

Cuando hayas establecido tu propuesta única de ventas, amplía esa promesa a ofertas especiales y promociones periódicas. Por ejemplo, si tu propuesta única de ventas está basada en el precio, convierte las ofertas en una extensión de tu promesa de precio. Si tiene que ver con el servicio, ofrece ventajas adicionales de servicio para confirmar tu compromiso en este sentido. Utiliza las promociones especiales para confirmar a tus clientes que su decisión de comprarte en primer lugar fue válida y facilítales que sigan haciéndolo.

Rookieconsejo

Incorpora tu compromiso de recompensa a la fidelidad de tus clientes en tu propuesta única de venta.

Sorprende y deleita a tus clientes

Contesta a la siguiente pregunta: cuando un cliente te compra, ¿qué espera de ti? Responde a la misma pregunta respecto a la competencia y crea una lista con los resultados. Por ejemplo, seguro que esperan recibir el producto que han comprado y que llegue en el estado que esperan dentro de un plazo razonable. Cuando tengas la lista, busca todos los detalles relacionados y asegúrate de que sus necesidades y expectativas son coherentes con tu material de marketing y ventas.

En cualquier caso, prepárate para superar las expectativas de tus clientes. Tal vez te hayas dado cuenta de que todos los demás de tu sector entregan en siete días, ¿sería posible expedir los pedidos en 48 horas? Una vez que hayas cumplido tus promesas fundamentales, busca la manera de que el proceso de entrega sea extraordinario, añadiendo unidades adicionales en agradecimiento por el tercer pedido de este mes, ofreciendo descuentos extra o introduciendo una bolsita de gominolas en el pedido para endulzarles el día. Hagas lo que hagas, que sea aleatorio (que no se convierta en un refuerzo de razón fija, es decir, no lo hagas siempre) y no te olvides de explicar por qué lo has hecho, llamando su atención hacia ese extra añadido que, de lo contrario, pasarán por alto o, lo que es peor, creerán que es parte del servicio (si siempre haces algo, los clientes se volverán autocomplacientes y se pierde el valor añadido). Además, cuando dejes de hacerlo se sentirán engañados.

Escucha

¿Oyes eso? Son tus clientes… ¿Te has parado algún momento a escuchar lo que te están diciendo? Pregunta a tu equipo de atención al cliente o al personal de envíos si suelen escuchar comentarios recurrentes. ¿Hay algo que quiera el cliente y que tú no estés suministrando? Aparte de ofrecerte una información valiosa sobre cómo está funcionando tu empresa a pie de obra y cómo puede mejorar, demostrar que escuchas a tus clientes inspira fidelidad. Todo el mundo quiere que le escuchen así que, cuando sea apropiado, utiliza esa información para mejorar tu servicio.

Descubre cuál es el objetivo último de tus clientes y ayúdales a alcanzarlo. Recuerda el consejo de Bettger que mencionábamos en la sección *Rookie en acción* del capítulo 2: la manera más rápida de conseguir lo que quieres es descubrir lo que quieren los demás y ayudarles a conseguirlo. Cuando lo haces, no sólo ganas a un cliente, sino a un defensor de por vida que hablará muy bien de ti a su red de contactos lo que te traerá nuevos clientes que probablemente sean fáciles de fidelizar.

Rookieconsejo

No sólo debes ayudar a tus clientes cuando dispongas de un beneficio o ventaja obvia para hacerlo. Si perciben que lo estás haciendo aunque no tengas ninguna obligación, conquistarás su corazón (y también su cartera).

Sigue en contacto

Si la apatía es la causa principal de los índices excesivos de desgaste, una de las mejores formas de evitarla es seguir en la mente de los clientes. Si te mantienes en comunicación constante, tendrás más probabilidades de que piensen en ti cuando llegue el momento de comprar lo que tú vendes.

Si te apartas de su vista durante demasiado tiempo, se olvidarán de quién eres o de qué productos ofreces, así que necesitas encontrar formas significativas y útiles de seguir en contacto con tus clientes. Hace mucho tiempo, un boletín impreso era una buena idea pero por el bien del medioambiente y por el de tu imagen, será mejor que utilices algún medio un poco más actual.

Los boletines electrónicos hacen que seguir en contacto sea mucho más accesible para la pequeña empresa. Recopila direcciones de correo y pide permiso a tus clientes para escribirles un par de veces al año con información sobre tus últimas ofertas, pero asegúrate de que el 80% del contenido esté destinado al cliente y rebose de consejos e información útil. No se trata de escribir sobre ti, sino sobre de cómo puedes ayudar a tus clientes a alcanzar sus objetivos (aunque sea *desinteresadamente*, por ejemplo informándoles de alguna nueva legislación que los afecte o si existe alguna manera novedosa para que aprovechen mejor tu producto o servicio).

Mejora y cruza las ventas

A menudo, las empresas se muestran reticentes a comunicarse con sus clientes por temor a ser un incordio. Evidentemente, recibir correos genéricos con las últimas ofertas o la promoción más novedosa, sin considerar lo que el cliente ha comprado anteriormente, puede resultar un fastidio. Sin embargo, si la comunicación se centra en algo concreto y se personaliza, se convierte en una situación beneficiosa para todos.

Pongamos, por ejemplo, que un cliente compra productos de cosmética de tu empresa. A raíz de su historial de compra, sabes que siente predilección por una marca particular, hasta el punto de que puedes asumir con seguridad que puede estar interesado en la compra de otro producto de esa marca. Tus posibilidades de que responda serán mayores si personalizas el mensaje y ofreces un descuento especial por su fidelidad. Si, además, estableces un periodo muy corto para contestar y dejas claro que se trata de una oferta limitada a unos cuantos clientes seleccionados especialmente (que comparten ciertas características con el cliente, por ejemplo la antigüedad de la relación, compras anteriores de productos de la misma marca...), las probabilidades de que responda aumentarán.

Imagina que ese cliente sólo utiliza un producto concreto de una determinada línea cosmética. Si se lo ofreces de una forma persuasiva, tal vez sienta la tentación de probar otros productos de la misma gama, y generes así una venta cruzada (buscar otros productos o servicios que suministres y de los que se puedan beneficiar otros clientes).

Si conoces a tus clientes y sabes lo que necesitan y quieren, entonces podrás ofrecerle un producto que se adapte mejor a sus necesidades pero del que ellos desconozcan su existencia. Esto se conoce como mejora de ventas y se emplea muchísimo en el sector de la electrónica. Los precios bajos constituyen un atractivo anzuelo para que la gente entre en la tienda para, una vez que están dentro, poder hablar con ellos y, si viene al caso, dirigirlos hacia un producto con especificaciones superiores y más acorde con sus necesidades.

Rookieconsejo

Dar una información incompleta o incorrecta a tu cliente siempre se volverá en tu contra. Si le convences con argumentos sólidos, probablemente no le importará gastar un poco más.

Recuerda que conseguir que alguien entre por tu puerta por primera vez es lo más difícil pero, una vez que te ha comprado algo, reaccionará mucho mejor a tu mensaje porque, por breve que haya sido vuestra relación comercial, en su cerebro quedará el recuerdo de una compra satisfactoria.

Ofrecer alternativas y opciones a tus clientes es un buen negocio. Demuestra que escuchas sus necesidades y que conoces su historial de compras, lo que crea una buena impresión de ti. Mejorar y cruzar ventas es importante porque beneficia a tus clientes y eso, al final, de una manera u otra favorece a tu cuenta de resultados.

Mejora las técnicas de venta de toda tu plantilla

A muchos esto les causa pánico pero, en realidad, no es más que un cambio sencillo y sutil de estrategia. Cuando vamos a pagar en un supermercado y el cajero nos informa que si compramos otra botella de naranjada, la segunda unidad nos sale a mitad de precio, probablemente reaccionaremos de una forma muy positiva. No necesitamos esa segunda botella pero nos parece una buena idea ahorrar un 25% del precio comprando otra botella más. Pero más aún, consideraremos muy positivamente la información que nos han dado porque sentiremos que el cajero ha sido muy profesional y se ha preocupado por nosotros. Gastaremos más dinero en la tienda y además reforzaremos nuestra fidelidad hacia esa pequeña cadena de supermercados.

De eso se trata cuando hablamos de mejorar las técnicas de venta de tu personal. Simplemente de que dispongan de toda la información necesaria (y de cierto grado de flexibilidad) para que, llegado el momento, puedan ayudar al cliente a obtener el mejor producto o precio posible.

De la misma forma que hay supermercados como el del ejemplo que saben tratar muy bien a sus clientes, hay otros que parecen que saben cómo hacer para que éstos se enfaden y se sientan ciertamente tratados por debajo de lo que esperaban. Si cada vez que vas a comprar, el cajero te pregunta si quieres comprar chicles o si quieres que recargar tu móvil, te sentirás un cliente más y te resultará muy fácil cruzar la calle y hacer tu compra en un establecimiento en el que sepan que eres alguien especial.

Rookieherramientas

Siete pasos para conservar un cliente fiel

1. Discúlpate, si ha habido un error.
2. Recompensa y amplía tu propuesta única de ventas.
3. Sorprende y deleita a tus clientes.
4. Escucha.
5. Sigue en contacto.
6. Mejora y cruza las ventas.
7. Mejora las técnicas de venta de toda tu plantilla.

¿Serías capaz de recordar algún caso en el que como cliente te has sentido bien tratado? Identifica qué estrategias utilizaron contigo y piensa de qué manera podrías utilizarlas tú para fidelizar a tus clientes.

Rookie en acción: el buen marketing de bajo presupuesto consiste en ser inteligente en cuanto a los recursos de que dispones y aprender a maximizarlos. Tus clientes son un importante recurso porque son las personas con las que ya tienes alguna relación (por pequeña que sea). Ya les has vendido al menos en otra ocasión, has superado sus objeciones y les has proporcionado un producto o servicio de calidad. Tu trabajo es conseguir que sigan contentos a largo plazo porque la venta inicial sólo es el principio de la relación, no el final. Sigue en contacto, añade valor auténtico y no dejes que esa relación comercial muera porque es mucho más barato e inteligente mantener a los clientes fieles que derrochar montañas de efectivo en la búsqueda constante de nuevos clientes.

Cosas que voy a hacer…

Cosas que necesito que otros hagan por mí…

No es necesario ser un gurú del marketing para saber que la mejor publicidad es la que va de boca en boca. Cuando nos enfrentamos a una decisión de compra, no hay nada más convincente que una referencia de alguien a quien conocemos y en quien confiamos. Dicen que *Dios los cría y ellos se juntan,* así que puedes asumir con total seguridad que tus clientes conocen a otras personas que también podrían beneficiarse de tus servicios. Este capítulo analiza las posibilidades de acceder a ese recurso lucrativo.

CAPÍTULO

Pide referencias

Como recordarás, en el capítulo 2 aprendiste la importancia de recabar algunos datos y cifras de tu clientela actual, entre otras cosas para determinar si tus mejores (y peores) clientes comparten alguna similitud. Además, el perfil de clientes te permite encontrar formas de acceder a otras personas semejantes y evitar centrar tu marketing en personas con las características de tus peores clientes. Y es que, en los negocios, el dinero no lo es todo: también hay que disfrutar del proceso y obtener satisfacción con el trabajo. Si puedes identificar las *espinas* de tu negocio, no lo dudes, proponte trabajar con personas que te resulten afines y te aprecien, y deja que el resto incordie a la competencia.

Si consigues diferenciar a los clientes de tu empresa, podrás buscar más de los que quieres e intentar evitar a aquellos que no deseas. Conocer a tu público objetivo te ayudará especialmente a encontrar nuevos clientes que puedas incluir en ese grupo. Al fin y al cabo nos solemos relacionar con personas afines que comparten una serie de características, así que es altamente probable que también conozcan a personas en su red social o profesional que puedan ser, al menos potencialmente, buenos clientes de tu empresa.

Piensa en tu propia red de amistades: ¿sería correcto decir que está integrada por grupos de personas con ideas afines a ti? Tal vez tengas amigos de tus clases de pintura, del gimnasio, del trabajo y de la universidad, pero seguramente la idea de mezclar a tus amigos de la clase de pintura con tus compañeros de kárate te resulta chocante. Sin embargo, te llevas bien con todos ellos (esto se debe a elementos diferentes de tu naturaleza y puede ser extrapolable a relaciones comerciales).

Rookieconsejo

Si los amigos de tus amigos son tus amigos, entonces es probablemente que los amigos de tus clientes también puedan ser tus clientes.

Pedir referencias no es malo...

Pregunta a tus clientes satisfechos actuales si conocen a alguien que pueda estar interesado en beneficiarse también de tu producto o servicio. Pero sé sutil. No se trata de que tus clientes sientan que te están haciendo el trabajo, sino que perciban que quieres extender a sus relaciones más cercanas la ayuda y las ventajas que ya les ofreces a ellos.

A menudo, a las empresas les parece un abuso pedir referencias a sus clientes. Después de todo, si los clientes están contentos serán ellos quienes te recomienden a sus amistades, ¿no? La realidad indica que esta supuesta verdad es, efectivamente, poco fiable. Lo cierto es que un cliente insatisfecho le contará a todas las personas que encuentre a 80 kilómetros a la redonda (probablemente a algunos más si utiliza la Red para mostrar su descontento) lo mala que es tu empresa. Sin embargo, un cliente contento raras veces hablará de ti a menos que le pregunten directamente, simplemente dará por hecho todos tus esfuerzos (recuerda que él *se lo merece).*

Rookieconsejo

Solucionar los problemas a la mayor brevedad posible es obligatorio porque los clientes insatisfechos se mostrarán inasequibles al desaliento en su cruzada para hacer que todo el mundo sepa lo mal que han sido tratados y eso generará un daño muy difícil de reparar.

Si quieres referencias, tienes que pedirlas directamente y cambiar tu forma de pensar en cuanto a este proceso. En lugar de considerarlo un abuso, piensa en él como una oportunidad para que tus clientes experimenten la satisfacción de hacer algo útil para sus amigos y socios. Todos hemos tenido esa sensación cuando hemos recomendado algo a alguien y ha vuelto para darnos las gracias.

Si te apasiona tu negocio y te has comprometido a ofrecer el mejor servicio posible, ¿por qué no ibas a querer que se beneficie tanta gente como sea posible? A tus clientes, especialmente a los realmente fieles y satisfechos, les debes la oportunidad de compartir sus experiencias y ayudar a quienes más les importan.

… *Aunque nadie se atreva a pedirlas*

Se trata de una idea sencilla y que, por su valor nominal, tiene sentido para todos. En la vida diaria recomendamos cosas continuamente a otras personas. Imagina que llevas a tu pareja al nuevo restaurante italiano que han abierto cerca de tu casa y te quedas impresionado con su tiramisú casero, o que has visto una emocionante película independiente que te ha conmovido, o que has descubierto una pequeña tienda que importa preciosas prendas de seda bordadas a mano de todo el mundo a unos precios fantásticos… ¿Cuánto tardarías en contárselo a tus amigos y familiares?

En la mayoría de los casos, surgirá de forma natural en tus conversaciones. Cuando alguien te pida que le recomiendes algún sitio para cenar, inmediatamente te vendrá a la cabeza ese restaurante. Independientemente de cómo aparezca en la conversación, estarás encantado de compartir tu experiencia y no dudarás ni un segundo en recomendar sus servicios. Pero ¿por qué no pasa lo mismo con las empresas?

La respuesta es la reciprocidad. El capítulo 1 vimos que existen seis principios básicos de la psicología que rigen el comportamiento humano y que uno de ellos era precisamente la reciprocidad, es decir, la necesidad innata de justicia y equilibrio en una relación.

La razón por la que casi ninguna empresa implementa un sistema de referencias se debe a que, tradicionalmente, este tipo de solicitud se encuadra al final del proceso de ventas. En ocasiones, el vendedor que ha realizado la venta o algún miembro de atención al cliente se encarga de llamar varios días después de haber recibido el producto para pedir una referencia, basándose en la idea de que, cuando alguien acaba de comprar, con un poco de suerte, está más contento con la compra y es más propenso a responder positivamente.

El problema de este planteamiento es que en ese momento el cliente siente que la ecuación está equilibrada: él ha recibido un servicio, pero ha pagado la cantidad que has establecido. El hecho de que pidas una referencia le hará sentir que ese delicado equilibrio se rompe a su favor, dejándole en desventaja en la balanza de la reciprocidad. Esta desventaja le resulta incómoda y le permite no hacerlo sin que sienta que te está fallando (más bien al contrario, siente que eres tú quién le está poniendo en una contexto de molestia).

Los sistemas de referencias no funcionan porque, a la hora de la verdad, ¡nadie las pide! Y no lo hacen porque es una sensación extraña para quien la pide, al situarse personalmente en una posición a merced de la reciprocidad. Sienten que han pedido algo carente de recompensa o beneficio recíproco para la otra persona o, lo que es lo mismo, un favor. Y cuando le pides un favor a un cliente sabes que no tiene ningún compromiso contigo, así que prefieres evitarte un no como respuesta y terminas obviando pedir referencias.

Sin embargo, existen dos maneras de contrarrestar esa sensación y hacer que el cliente sienta que está siendo tratado con reciprocidad:

- Con halagos sinceros.
- Incentivando la referencia.

Halagos sinceros

Supongamos que tienes un cliente estupendo, con quien es muy fácil trabajar, que vive cerca, siempre paga a tiempo, realiza pedidos frecuentes y, además, tiene una relación muy buena contigo. No te importaría en absoluto encontrar a más clientes como él.

La primera opción es decírselo directamente. Se sincero, llámalo y explícale que estás buscando a más personas como él y, aunque sabes que no va a ser del todo posible, te conformarías con alguien parecido. Estás buscando clientes que sean... [completa la frase con los adjetivos que te parezca describen a tu cliente]. Sólo tienes que ser honesto y describir las características que admiras más de la relación con ese cliente. Termina preguntándole a quién conoce que cumpla esos requisitos. Formula preguntas abiertas («¿a quién conoces?»), no cerradas («¿conoces a alguien?»), porque te interesa que el cliente se implique en la respuesta y no que busque una manera fácil de terminar la conversación.

En los negocios, raras veces nos tomamos el tiempo suficiente para conocer a los demás, en especial a los clientes. Este planteamiento es beneficioso para todos por su autenticidad, porque recuerda a tu cliente lo agradable que es vuestra relación de trabajo y cuánto se está beneficiando de la misma. Además, seguro que se muestra encantado de escuchar tus comentarios (a todos nos gustan que nos regalen el oído). Si el cliente no te proporciona ningún nombre, se sentirá bien después de la llamada y eso sólo reforzará su fidelidad hacia tu empresa. Y, a lo mejor, te llama cuando se le ocurra alguien.

Evidentemente, esto no funciona tan bien si recurres a afirmaciones anodinas y genéricas, así que respalda las peticiones con pruebas y recuérdales alguna situación o experiencia que hayáis compartido y que ilustre esa cualidad.

Rookieconsejo

Recuerda que tus halagos deben ser sinceros. Si no lo son, olvídate. En el mejor de los casos se sentirá incómodo al descubrir que le estás pidiendo un favor. En el peor sentirá que no estás siendo sincero y perderás credibilidad ante él.

Si te diriges a tus mejores clientes de esta forma, estás eliminando la sensación de incomodidad al ofrecerles algo realmente valioso y agradable como es el reconocimiento auténtico. También les estás dando la oportunidad de fortalecer su propia red de contactos, presentando un producto y un servicio valioso para otras personas. Y lo mejor de todo es que no cuesta mucho.

Incentivar la referencia

La otra manera de suprimir la sensación de desequilibrio que provoca la reciprocidad consiste en incentivar la referencia, es decir, ofrecer al cliente una ventaja tangible a cambio de su referencia.

Hay dos formas de hacerlo. La primera consiste en entregar un incentivo que le suponga un beneficio directo, por ejemplo un descuento adicional sobre futuros pedidos o alguna extensión del servicio. Si eres asesor fiscal y quieres incrementar tu clientela, podrías dirigirte a tus mejores clientes y comentarles que, si te dan las referencias de dos personas que podrían beneficiarse de tu asesoramiento, recibirán un descuento del 50% en tus servicios del año que viene. Podrías implantarlo como una estrategia anual que permita a tus mejores clientes reducir a la mitad su factura de elaboración de impuestos al año, mientras que aumentas gradualmente tu base de clientes.

Si tienes un gimnasio, podrías utilizar las referencias para aumentar el número de socios. La mayoría de las personas prefieren ir al gimnasio con un amigo, así que podrías ampliar el acceso a las instalaciones al socio y a su amigo durante tres meses, por ejemplo. No sólo no te cuesta nada, sino que, además, puede derivarse en una posterior ampliación de sus servicios tanto para el socio original como para su amigo si éste termina convirtiéndose en socio de tu gimnasio. Lo ideal es encontrar maneras de añadir valor que no supongan un gasto necesariamente. Por ejemplo, cinco pases gratis para la sauna son mejores que una bolsa de gimnasia, porque la sauna está funcionando todo el día y tendrás que comprar las bolsas si optas por esa estrategia.

La otra forma de incentivar la referencia es ofrecer un descuento al contacto del cliente. Este planteamiento es efectivo, sobre todo, porque permite a tu cliente saldar cuentas con su amigo. Digamos que has llamado a Susana Navarro, una de tus mejores clientas, y le has explicado que estás buscando más clientes como ella. Si ella te facilita el contacto de Francisco Fernández, automáticamente sentirá una obligación y responsabilidad hacia Francisco (por muy contenta que esté con tus servicios, en el fondo no deja de estar enviándole un comercial a Francisco para que le ofrezca sus servicios y no sabe cómo se lo va a tomar). Se ha producido un desequilibrio también en esa relación, que puede eliminarse incentivando la referencia, de manera que Francisco reciba una auténtica ventaja del contacto.

Volviendo al ejemplo del asesor fiscal, Susana está muy contenta con el servicio que le ofreces. Le informas constantemente de las nuevas leyes tributarias que pueden afectarle y, como resultado, le has ahorrado legítimamente miles de euros en su factura anual de impuestos. Seguramente está encantada de remitirte a Francisco. Y si, además, al proporcionarte el contacto de Francisco y Manuel, recibe un descuento del 50% en la factura del año que viene y tanto Francisco como Manuel se benefician de un asesoramiento minucioso y una rebaja del 10% en su primera factura, todos salís ganando.

Sí, tal vez pierdas algunos ingresos, pero es mucho más barato que lanzar una campaña de marketing o contratar publicidad en el periódico local. Además, Francisco y Manuel son amigos de

Susana, por lo que es probable que acaben siendo excelentes clientes también. Y, en cuanto les demuestres lo que vales, puedes ofrecerles las mismas ventajas a cambio de referencias, con la confianza de que ellos también te presentarán con mucho gusto a otras personas.

Rookieconsejo

Incentivar la referencia hará que tus ingresos disminuyan, pero afectará positivamente a tu cuenta de resultados al ahorrarte costosas campañas de marketing y al proporcionarte, a medio plazo, más buenos clientes que probablemente establecerán una relación de fidelidad contigo.

Si ofreces ventajas a todos los integrantes de la cadena, nadie se sentirá incómodo y ganarán todos. Eso sí, una advertencia: más vale que te asegures de cumplir tu promesa respecto a los contactos de tus clientes o, de lo contrario, no sólo te arriesgarás a perder al contacto, sino también a un cliente valioso. Cada vez que un cliente te pasa los datos de personas a quienes conoce y aprecia, está asumiendo cierta responsabilidad en la operación y, si defraudas a su amigo, estarás defraudando también al cliente y eso, tal vez, no te lo perdone nunca. Sentirá que le has puesto en ridículo porque su opinión sobre ti era evidentemente errónea. Así que, si pretendes implantar un sistema de referencias en tu empresa, asegúrate antes de poder responder con eficiencia a la demanda, ofreciendo un servicio y una calidad intachables para que tu cliente parezca un héroe y no un idiota.

Ya tienes el contacto, ¿y ahora qué?

Cuando pidas referencias, es importante que averigües todo lo posible acerca de esa persona de boca de tu cliente y consigas que le avise con antelación de tu llamada. Por eso es mejor pedir referencias en persona o por teléfono, puesto que puedes preguntar sobre el contacto dentro de la conversación. No hace falta que sea mucha información, sino, básicamente, que te explique por qué ha pensado en esa persona. Si ofreces una gama de productos y servicios, pregúntale en qué gama piensa que estaría más interesado y por qué. Infórmate de lo que le gusta y lo que respeta de ese contacto y por qué cree que tú le puedes resultar de ayuda. Pero, por encima de todo, pídele que le llame y le hable de ti. Así, cuando te conteste al teléfono ya estará prevenido y sabrá quién eres y qué le ofreces.

El seguimiento que decidas llevar a cabo dependerá del producto o servicio. Por ejemplo, un producto o servicio de alto margen (y un gran incentivo) merece una visita personal, mientras que con márgenes más pequeños pudiera bastar con una llamada telefónica. También puedes establecer una campaña de referencias y enviar a tus clientes una invitación para que te faciliten uno o dos contactos. Si tienes los recursos suficientes, podrías hacer un seguimiento telefónico del envío para aumentar la respuesta.

Ventajas adicionales

Implantar un sistema de referencias en tu empresa también te ayudará a crear una cultura centrada en el cliente. Si tus representantes de atención al cliente y el personal de ventas saben que, en un momento u otro del ciclo de compra, tendrán que pedir referencias a los clientes, eso centrará su atención en prestar el mejor servicio posible y forjar una relación sólida, lo cual sólo puede ser beneficioso tanto para el cliente como para la empresa.

Rookieconsejo

El hecho de tener que pedir referencias a los clientes hará que el personal de ventas y de atención al cliente se esfuerce en dar el mejor servicio y en establecer una relación sólida con los clientes.

Los procesos de referencias también contribuyen a la fidelidad del cliente, teniendo en cuenta el motor psicológico de la coherencia, o el impulso a atenerse a las decisiones iniciales y el deseo de ser consistentes o parecerlo. Si soy tu cliente, ya he tomado la decisión de comprarte y, si doy un paso más y recomiendo tu empresa a un amigo, estaré aún más comprometido con tu negocio. Ese acto añadido no hace más que confirmar mi decisión inicial y aumenta mi fidelidad hacia la empresa.

Recuerda, eso sí, que la coherencia actúa en tu contra cada vez que intentas arrebatar un nuevo cliente a la competencia (ese cliente sentirá un vínculo con su decisión de haber elegido otra empresa). La apatía es una fuerza poderosa por derecho propio y, si le sumamos el poder de la coherencia, te resultará difícil levantarle un cliente a un competidor. O tus rivales son francamente malos o tú eres realmente bueno, así que, dado que no puedes controlar el rendimiento de la competencia, céntrate en que tu empresa sea excepcionalmente buena.

Rookieherramientas

Las siete reglas para los sistemas de referencia

1. Identifica a tus mejores clientes y considéralos como amigos queridos y valiosos. Trátalos con el mismo afecto y preocupación que dedicas al resto de tus amistades.
2. Admite el valor y las ventajas que aportas a tus clientes (si no eres capaz, estás en un buen lío).
3. Eleva a tu empresa y a ti mismo al máximo estándar en nombre del mejor interés de tus clientes.
4. Reúne un grupo de tres o cuatro personas clave de los departamentos de ventas, atención al cliente y envíos, y pon en común ideas para la creación de un sistema de referencias y posibles incentivos.
5. Escoge la mejor idea, haz un presupuesto para que no te lleves ninguna sorpresa desagradable por el camino y, después, ponla a prueba.
6. Encuentra una oferta de referencias que sea atractiva y ponla en práctica en toda la empresa.
7. Organiza una puesta en común sobre las diferentes maneras de recompensar a todos tus empleados por aplicar el sistema de referencias y atraer nuevos clientes al negocio.

Rookie en acción: : el marketing nos obliga a ser inteligentes en lo referente a con quién debemos hablar y cuál es la forma más rápida y sencilla de iniciar esa conversación. Si ya tienes una lista de clientes satisfechos que te compran con regularidad, cabe suponer con bastante seguridad que conocen a otras personas que podrían beneficiarse también de tus servicios. Pregúntales y haz que el proceso sea beneficioso para todos: la persona que pide la referencia, quien te la proporciona (con un poco de suerte) y el propio contacto. ¡Todos saldréis ganando!

Cosas que voy a hacer...

Cosas que necesito que otros hagan por mí...

Las palabras que empleas para describir tu producto o servicio son de suma importancia, pero la buena redacción no es un arte oscuro y misterioso, sino que existen ciertas técnicas que se pueden aprender para escribir textos con gancho. Este capítulo trata de los elementos fundamentales que puedes incorporar para mejorar tus mensajes y cómo adquirir confianza en tu forma de escribir.

CAPÍTULO 7

Cómo redactar textos que venden

Lo primero es lo primero así que, ¿qué has escrito hoy? ¿Y ayer? ¿Y la última semana o el último mes? Piensa que toda comunicación que salga de tu empresa es una oportunidad de marketing. Toda comunicación: desde los catálogos y los folletos corporativos en papel satinado hasta ese correo electrónico que acabas de enviar o incluso la nota que adjuntas cuando envías tu producto por correo postal Dado que estás leyendo esté capítulo, es probable que tengas la intención de redactar algún tipo de material de marketing. Tal vez necesites un catálogo que el equipo de ventas pueda dejar en sus visitas a clientes potenciales, o un folleto económico para buzonear o, quizá, quieras crear un cartel llamativo o un anuncio para el periódico local.

No pierdas tiempo ni dinero en un proyecto de estas características si no existe una razón verdaderamente de peso. Piensa en lo que quieres escribir: ¿por qué quieres hacerlo? ¿Sonaba interesante en la última junta o ha investigado alguien al respecto?

Considera la aplicación del material; por ejemplo, si vas a mandarlo por correo, asegúrate de que cumpla los requisitos en cuanto a la forma y el tamaño porque, de lo contrario, te podrías llevar una sorpresa desagradable en el momento de la distribución. ¿Quién va a utilizar el material? Y, por último, ¿qué quieres conseguir con él? Si la respuesta es cualquier cosa diferente a «vender más», vuelve a pensar si está justificado. Educar a los clientes o fortalecer la marca son medidas aplicables en las pequeñas empresas si ya dispones de unas ventas fuertes.

Rookieconsejo

Plantéate el objetivo de cualquier comunicación que pretendas hacer. Si la respuesta no es «vender más», vuelve a planteártelo y decide si es realmente necesario.

Independientemente de que vayas a escribir un catálogo corporativo, un anuncio en las Páginas Amarillas, una carta para un envío de marketing directo, un folleto, un cartel o una postal, cualquier texto de ventas y marketing necesita los cinco ingredientes fundamentales de la buena redacción:

- Voz.
- Premisa central.
- Estructura.
- Estilo.
- Detalle.

Voz

Cuando estés redactando un mensaje de marketing, ya sea para una carta de ventas o un sitio en la Red, estás creando una personalidad o voz de marketing y deberás asegurarte de que se ajusta a la filosofía de tu empresa. Por ejemplo, si tu negocio es famoso por su historial de seguridad y transmite una imagen de fiabilidad, un mensaje de marketing frívolo o cómico confundiría a tu público y perjudicaría a la marca.

La voz de tu marketing no siempre es evidente y puede resultarte complicado identificarla. Como la buena estructura, te resulta prácticamente imperceptible y sólo te das cuenta de que tu empresa tiene una voz determinada cuando te equivocas al utilizarla. Podríamos definir la voz como la esencia de lo que el texto transmite en términos de las sensaciones que provoca en el lector.

Rookieconsejo

¿Cuál es la voz de tu empresa? Piensa que tu producto o servicio es una persona, ¿qué le diría al cliente potencial?

Si te estás planteando con qué voz dirigirte a tus clientes, piensa que un buen punto de partida puede ser poseer una voz amable en la redacción de textos de marketing, porque una conversación entre dos viejos amigos suele ser beneficiosa para las ventas. Sin embargo, muchas empresas han recurrido a una voz distintiva y han tenido efectos muy beneficiosos. Nike, por ejemplo, se dirige a sus clientes con una voz de sargento enfadado que nos recuerda lo que debemos hacer inmediatamente: *Just do it!* [Simplemente hazlo].

Si aciertas con la voz del mensaje, y las sensaciones y emociones que debe generar en el público, te encontrarás en una posición mucho más sólida para garantizar que la redacción sea la correcta. Muchas veces, esta información fluye con naturalidad de la estrategia global del negocio, y todos los capítulos anteriores sobre público objetivo y segmentación de mercado te ayudarán también a encontrar la voz correcta para el público adecuado.

Premisa central

Un buen texto de marketing es el desarrollado a partir de una premisa central o *gran idea.* Pongamos, por ejemplo, que fabricas herramientas y has decidido que tu propuesta única de ventas es la durabilidad. Todo, desde el grafismo que utilices (tal vez un elefante sentado sobre un banco de trabajo) hasta el titular del mensaje y la oferta, debe guardar relación con la premisa central de la durabilidad. Si empiezas a liar el mensaje, el lector se confunde y ya se sabe que los lectores confundidos terminan no siendo clientes. Transmite un mensaje sencillo y directo, y no enredes las cosas con demasiadas ideas.

Estructura

Como escribió Lewis Carroll en *Alicia en el país de las maravillas,* «empieza por el principio, dijo el rey con voz muy grave, y continúa hasta que llegues al final. Entonces, detente».

La buena escritura (de cualquier tipo) tiene un principio, un desenlace y un final. El principio debe reiterar, no repetir el titular que hayas escogido. Al fin y al cabo, el lector ha llegado al principio del texto porque el titular le ha llamado la atención, así que concéntrate en lo que, obviamente, le interesa. El desenlace es el punto en el que desarrollas la idea y sitúas todos los datos y detalles de la venta, pero sigue remarcando la premisa central. Por último, el final es una llamada a la acción del lector, explicándole lo que debe hacer ahora mismo para comprar el producto. Incluye todos los detalles necesarios para convertirlo en una venta y, en las cartas, recurre a las posdatas para reiterar tu oferta (siempre se leen).

Estilo

Las reglas de oro son:

- Edita sin piedad; haz que cada palabra cuente.
- Emplea verbos y sustantivos, y evita demasiados adjetivos y adverbios.
- Usa una estructura de frases sencilla y breve.
- Di lo que piensas y piensa lo que dices.
- No emplees una palabra larga si puedes utilizar otra más corta.

Detalle

La buena escritura es específica y concreta; la mala recurre a generalidades abstractas, vacías y poco convincentes. Los detalles dan vida a un texto y añaden peso y certidumbre a una oferta. La publicidad alimentaria de la cadena de supermercados de Marks&Spencer ha usado esta técnica con brillantez para transformar una tarta de manzana y natillas en una «tarta de manzanas *bramley* cubierta de cremosas natillas de las Islas del Canal de la Mancha». Tampoco encontrarás hamburguesas ni cordero asado en sus cámaras frigoríficas, sino «ternera inglesa picada con hierbas incrustadas en panecillos con cremoso Gorgonzola italiano» y «cordero de corral criado en el Reino Unido asado con cebolla roja, romero y salsa afrutada de Oporto con ciruelas damascenas». Los detalles generan imágenes en la mente que dan vida a las palabras y, como resultado, prácticamente se nos hace la boca agua. Vaya, ¡justo lo que querían!

Recuerda la historia de Claude Hopkins y la cerveza Schlitz: su texto tenía gancho porque se molestó en encontrar los detalles de la fase de desarrollo del producto y, después, llamó la atención del público sobre ellos. No importaba que todas las demás cervezas hicieran lo mismo; lo importante era que el cliente no lo sabía.

Sé muy preciso en la elección de tus palabras: habla de pura lana virgen y no de *material;* de whisky escocés de malta cultivada ecológicamente y no de *licor.* Tampoco te refieras a un proceso artesano si puedes describirlo paso a paso para que el lector no necesite superlativos, sino que extraiga su propia conclusión sobre las técnicas correspondientes. En cualquier caso, los detalles sólo deben derivarse de la premisa central y guardar coherencia con el mensaje que estás transmitiendo, de manera que valide tu propuesta y te diferencie de la competencia.

Además, fíjate en la esencia de las palabras que utilizas. En español existen unas 87.000 palabras recogidas por el Diccionario de la Lengua Española (editado por la Real Academia Española y las veintiuna academias asociadas). Ésa es una cantidad muy elevada de términos posibles, especialmente si tenemos en cuenta que la mayoría de la gente apenas usa un par de miles. Es importante que emplees palabras que entienda la gente, pero intenta que sean muy precisas y que ayuden a dibujar una imagen mental. Utiliza palabras que permitan al lector recrearse una imagen muy clara y exacta de lo que ofreces y las ventajas que tu producto le puede aportar.

Las imágenes que genera un buen texto son importantes para conseguir que tus clientes pasen a la acción. Si, a través de las palabras, eres capaz de pintar un cuadro que inspire al cliente, has triunfado. Un truco espléndido para crear imágenes potentes en los textos es el uso de las metáforas. El Porsche 911 Turbo lo aplicó con brillantez al comparar el coche con un caballo de carreras de pura sangre y el texto de sus anuncios ampliaba la idea en este sentido. La metáfora otorga al lector una apreciación más profunda de lo que quieres decir y comunica ideas que no se pueden expresar sólo con palabras. Particularmente, las metáforas son útiles cuando necesitas transmitir un mensaje en muy pocas palabras.

Habla siempre de ventajas, no de prestaciones

«Intel Celeron M530 - 1.73GHz, 533 MHz FSB 1MB L2 caché, 1GB RAM, 80GB 5400rpm, puerto DVD-Super multifunción de doble capa, 14.1" WXGA CrystalBrite TFT LCD 1280 x 800 Express-Card/54, 3xUSB, VGA, S-Video, Wireless 802.11b/g, micrófono incorporado y altavoces estéreo, batería 44.4W de 6 células, 2,6 kilogramos». Perdone, ¿podría repetírmelo en mi idioma?

Únicamente los expertos saben a ciencia cierta cuál es la diferencia que hay entre un procesador Pentium y un Celeron. Lo que cada usuario sí sabe es cuáles son sus necesidades y una frase como «el ordenador portátil ideal para el trabajo de oficina» dice muchísimo más que toda esa retahíla de características. Recuerda que tu cliente no realiza automáticamente la asociación entre las prestaciones que ofrece tu producto o servicio y las ventajas en que se traducen, así que hazlo tú por él.

Habla del cliente, no de ti

El mayor error que puedes cometer en tus textos de marketing es hablar sobre ti, ya que al lector no le interesa lo más mínimo. Le da igual que lleves treinta años en el sector, salvo que puedas utilizar esa experiencia para solucionarle los problemas. A los clientes no les importa en qué nueva maquinaria acabas de invertir o el personal que has contratado recientemente y ni siquiera las patentes que posees, salvo que todo eso vaya a resolverles el problema. Lo que quieren es saber si tu producto o servicio puede hacerles más felices, más atractivos, sanos, ricos o seguros. Únicamente les interesa lo que tú puedas hacer por ellos.

Constantemente nos bombardean con anuncios publicitarios (en la televisión, la prensa, la radio, en la Red, mientras caminamos por la calle...) hasta el punto de que estamos aprendiendo a pasar por alto una gran cantidad de ellos. Piensa en tu propia experiencia: ¿cuándo es más probable que prestes atención a cualquier información sobre un seguro de automóvil? Cuando está a punto de vencer el tuyo. Si ves un anuncio sobre ello en otro momento, silencias el televisor o archivas el correo en la papelera. ¿Te ha pasado alguna vez que has decidido comprar un coche nuevo y, de repente, lo veías por todos lados o te fijabas en su publicidad? No temas, nadie conspiraba para que eligieses ese modelo ni de un repentino interés en la demanda de ese coche por todo el planeta, sino que el modelo figuraba en tu radar interno y empezabas a fijarte en él. Lo mismo ocurre con la publicidad.

Rookieconsejo

A tus clientes no les importa el año en el que se fundó tu empresa ni la sofisticada tecnología que acabas de comprar. Sólo comprarán tus productos si piensan que cubren alguna de sus necesidades.

Tu tarea consiste en averiguar qué quieren los clientes y presentarte como la solución. A partir de ahí, el hecho de que tengas patentes pendientes o cincuenta años de experiencia será importante para validar su decisión de comprarte, pero nunca es la razón principal, sino que la decisión se ha tomado gracias a haberle demostrado al cliente que comprendías sus necesidades particulares y eras capaz de satisfacerlas.

Presenta una oferta convincente

Tus textos de marketing deben estar dirigidos a tu público objetivo y, si has hecho un buen trabajo, habrás articulado el desafío que se le presenta y agravado el problema para que se sienta motivado a encontrar una solución. Lo único que queda ahora es presentarles una oferta irresistible. Necesitarás un argumento convincente que justifique su pase a la acción de manera inmediata, sobre todo mediante una combinación de precio, incentivos y escasez:

- **Precio.** Si recurres al precio como moneda de cambio, deberás demostrar un ahorro considerable para que el cliente compre ahora.
- **Incentivos.** Las ofertas que incluyen un obsequio adicional o un descuento suelen ser muy efectivas, sobre todo si poseen un alto valor percibido o están vinculadas directamente con el producto o servicio inicial. Por ejemplo, los clubes de vino a menudo regalan sacacorchos o cuchillos de cocina muy caros para los clientes que realizan un pedido antes de una fecha concreta.
- **Escasez.** Los buenos textos de marketing no deben tener un final abierto, sino que es necesario que centres tu campaña y fijes una fecha máxima. Recuerda que uno de los principales motores psicológicos que tenemos es el deseo de no quedarnos sin algo. Por eso, las campañas de marketing de éxito anuncian un plazo límite o un número limitado de existencias.

El deseo innato de no perder una oportunidad, combinado con descuentos del precio e incentivos para actuar ya, da como resultado una oferta convincente.

Rookieconsejo

Cada día recibimos cientos de estímulos publicitarios así que hemos aprendido a ignorarlos. La mejor oportunidad que tienes para hacer un impacto en tu público objetivo es afinando al máximo para ofrecerles una oferta irresistible.

Una advertencia

Antes de lanzarte a ofrecer incentivos y grandes rebajas, siéntate y haz un presupuesto. Asegúrate de que los costes se ciñen tanto al mejor como al peor de los casos posibles. ¿Posees la capacidad interna y la eficiencia operativa necesarias para gestionar un incremento de los pedidos o acabarás generando molestias a tus clientes? ¿Cuentas con suficientes existencias del obsequio como para satisfacer la posible demanda?

Si no tienes clara la importancia de esto, piensa en el fiasco de Hoover, la marca de aspiradoras. En 1992, la compañía ofreció dos vuelos de ida y vuelta de Inglaterra al continente para los clientes que gastaran 100 libras o más en sus productos. Las compañías de vuelos de bajo coste aún no habían irrumpido, por lo que la oferta tenía un gran atractivo y la respuesta fue impresionante. En la empresa se emocionaron tanto por el entusiasmo inicial que ampliaron la oferta a vuelos a Estados Unidos y aquello significó un suicidio corporativo porque Hoover, desgraciadamente, no estaba preparada ni para el grado de respuesta ni para las implicaciones económicas y administrativas que conllevaba. Al final, los clientes contrariados demandaron a la compañía en un juicio que se alargó cuatro años y la campaña terminó con un coste para Hoover de 50 millones de libras y la venta de la filial británica a la empresa italiana Candy. Todavía a día de hoy se comenta en los círculos de marketing como uno de los mayores errores corporativos de todos los tiempos.

Escribe en primera y segunda persona

Los buenos textos, y en especial los de marketing, deben sonar a una conversación entre dos personas que se llevan bien. Tiene que parecer que procede de una persona real que está defendiendo tu producto o servicio de una forma convincente y sencilla a la vez. Y eso implica escribir en primera persona (yo, nosotros) y segunda persona (tú, vosotros, usted, ustedes). El uso de la tercera persona (ello, ellos), denotará falta de personalidad e intimidad en la comunicación. Estarás colocando un muro de formalidad y distanciamiento entre el lector y tú, y eso restará poder al texto. No hables nunca de «solucionar problemas», dirígete directamente a cada persona. ¿Qué te parece más potente?

- Hemos descubierto que nuestro producto soluciona los problemas de las personas que sufren de dolores de espalda.
- No sufras más. Nuestro producto soluciona tu problema.

Suponiendo que hayas definido correctamente el público objetivo de tu marketing, la segunda versión es mucho más activa y personal. Otro problema que plantea el lenguaje en tercera persona es que es fácil caer en la voz pasiva, que evita las responsabilidades y no es eficaz, especialmente en marketing.

Habrá quien, desde un cargo corporativo, jurará vehementemente que el marketing para servicios a empresas es muy diferente al marketing de consumo y, desde luego, existen matices que debes considerar, pero hay una cosa que no cambia: las empresas no toman decisiones de compra, son las personas quienes lo hacen, así que debes dirigirte a una persona y no a una organización.

Rookieconsejo

Dirígete siempre a las personas (aunque tu producto sea un servicio para otra compañía). Las empresas no toman las decisiones, al final la determinación de comprar siempre dependerá de una persona.

Rookieherramientas

Consejos para mejorar tu escritura

Toma algún texto que hayas escrito hace poco y vuelve a leerlo en voz alta.

1. ¿Suena coloquial (o al menos asequible para la mayoría de tu público objetivo)? Si no es así, esfuérzate para evitar formalismos (por ejemplo, evita palabras largas).
2. ¿Te quedas sin aliento al leer las frases? Divídelas. Sitúa el punto principal al principio y añade los detalles adicionales en oraciones separadas a continuación.
3. ¿Contiene jerga o vocabulario técnico? Si es así, elimínalo o explícalo a fondo en términos profanos. No uses ese tipo de vocabulario a menos que sea estrictamente necesario. ¿Te ves obligado a releer alguna parte para comprenderla? Entonces simplifica el mensaje.
4. ¿Has empleado la voz pasiva? ¿Hablas de ellos o de ti? Escribe siempre a una persona resultará más coloquial y amistoso.
5. ¿Hay alguna palabra o frase que sea innecesaria? Deshazte de los superlativos y de cualquier adjetivo innecesario.
6. ¿Cuál es el centro de atención? Recuerda que se trata de resolver los problemas de tus clientes, no de enrollarte con datos que no les importan.
7. ¡Ponte a escribir! Si no tienes claro por dónde empezar o qué decir, escribe las partes que tengas claras.

Rookie en acción: que alguien responda o no a tu mensaje depende de un sinnúmero de factores, como el momento, el diseño, la oferta, la evidencia y, sobre todo, las palabras que emplees para remarcar la oferta. No hace falta que seas un periodista experto o un gurú del marketing para escribir un buen texto; conecta con la verdad, emociónate y apasiónate con tu producto y servicio, y escribe con el corazón en la mano. Déjate guiar por las reglas, escribe, edita y vuelve a editar. Pero, sobre todo, ¡escribe! Como con tantas otras cosas, tu escritura mejorará con la práctica.

Cosas que voy a hacer...

Cosas que necesito que otros hagan por mí...

Muchas veces, llevados por el deseo de reducir los gastos y tomar atajos, nos dejamos tentar por el marketing de andar por casa pero, como en otras disciplinas, el hazlo tú mismo en marketing está cargado de peligros. Este capítulo explora los errores clásicos y cómo evitarlos para que, si te decantas por el marketing casero, no acabes perdiendo ventas porque tus esfuerzos parezcan obra de un escolar.

Cómo evitar los desastres del marketing casero

Empieza por revisar el material del que dispones. Recopila todo el material impreso, incluido el papel timbrado, folletos, catálogos, octavillas, cartas de ventas, informes anuales, carteles y anuncios. Ponte en la piel de tu cliente y piensa en la imagen que estás transmitiendo con ese material.

- ¿Comparten un aspecto y una sensación común o cada uno es diferente? La ausencia de un estilo común puede ser desconcertante para el cliente y transmite una sensación de incoherencia que no es buena para tu negocio.
- ¿Tienen un tipo y un tamaño de letra común? Tanto si es así como si no, ¿qué imagen sugiere? El tipo y el tamaño de letra pueden marcar la diferencia en cuanto a la voz del mensaje. Por ejemplo, «Se venden cómics de primeras ediciones» no tiene nada que ver con «Se venden cómics de primeras ediciones». La primera letra es demasiado rígida y formal para un tema como los tebeos y no añade nada al mensaje.

- ¿Qué dice la calidad del papel sobre tu empresa? ¿Estás promocionando credenciales éticas mientras que tus folletos se imprimen en papel virgen blanco de un gramaje claramente excesivo?
- ¿El material da la impresión de que es una empresa profesional (sé sincero)? ¿Hay errores de ortografía? Si los hay, seguro que has perdido ventas por su culpa.
- Si tuvieras que escribir las cinco primeras palabras que te vienen a la cabeza al mirar cada elemento de marketing, ¿qué escribirías?

Si has participado en la creación de esos elementos de marketing o crees estar demasiado implicado como para extraer cualquier respuesta objetiva, pregunta a otras personas. Pide opinión a amigos y familiares, pregunta a colegas de otros sectores de la empresa e incluso a algunos clientes. Haz que revisen el material y te den sus primeras impresiones. ¿Qué imagen proyecta actualmente tu marketing?

Rookieconsejo

Todos tus materiales impresos deben comunicar la misma idea (tanto en su forma como en el contenido). Recuerda que un cliente potencial confundido suele terminar no siendo nunca cliente.

El ejercicio anterior no consiste en averiguar si a los demás les gusta o no tu marketing, sino cómo se percibe tu empresa desde el exterior a partir del material de marketing que tienes actualmente, algo importantísimo para cualquier empresa, especialmente si estás enfrascado actualmente en el marketing casero.

10 pistas que te delatan

1. Tu carta de ventas o folleto está impreso en papel de color.
2. Has utilizado varios tipos de letra diferentes en el material de marketing.
3. Has desordenado el texto con varios colores de letras.
4. La página no contiene espacio en blanco, sino que está atestada de palabras hasta los bordes.
5. No hay titular, gancho ni oferta.
6. Hay faltas de ortografía y errores gramaticales.
7. La calidad de imagen es mala y está impresa en baja resolución, o lleno de imágenes de librerías gratuitas.
8. La carta no está personalizada.
9. El marketing no está focalizado.
10. Y, encima, ¡es hortera!

Está claro que no todo el mundo tiene presupuesto para contratar a redactores, diseñadores e impresores, pero si tienes previsto desarrollar algún tipo de marketing de andar por casa, presta mucha atención a lo que te vamos a enseñar en este capítulo para que puedas evitar los errores más comunes.

Dicen que las reglas están para saltárselas y, desde luego, también sucede así en el marketing. Por ejemplo, las cartas de ventas de marketing directo con mucho texto suelen infringir casi todas las normas de este libro pero puede haber ocasiones en las que sea necesario enviar un texto más extenso de lo normal. Eso sí, para saltarse una regla con eficacia, primero hay que conocerla, así que, por el momento, centrémonos en los principios básicos.

El diseño

No existen segundas oportunidades cuando se trata de causar una primera impresión. Por eso, el diseño y el aspecto de tu marketing pueden conseguir o desbaratar los resultados y, si dice a gritos que es casero, habrás perdido la oportunidad de vender. Si el diseño es malo o poco profesional, tu cliente potencial ni siquiera leerá el texto, puesto que ya se ha formado una opinión sobre ti a los cinco segundos de ver el folleto.

Rookieconsejo

Esfuérzate en causar una excelente primera impresión en tu presentación gráfica porque no tendrás una segunda oportunidad.

Las ventas y el marketing son procesos que empiezan por atraer la atención de alguien, mantener su interés, destacar un deseo e invitar a la acción. El diseño aparece a lo largo de todo ese proceso pero, sobre todo, es poderoso a la hora de conseguir la atención del cliente en un primer momento.

Los titulares y finales flojos

Alguien inteligente dijo una vez que, si dispones de diez horas para escribir un anuncio, dedica nueve al titular. Por muy tentador que resulte invertir esa ecuación, no lo hagas. Si te fijas en el recorrido visual del apéndice, observarás que el titular es uno de los primeros elementos que observa la gente y, si no consigues la atención del lector en esos primeros segundos cruciales, ya no hay nada que hacer.

El titular es el anuncio de tu anuncio y, por esa razón, debe dirigirse a gritos a un público objetivo concreto y contener ventajas convincentes. Si recuerdas las 4 Rs del capítulo 1 (Reencarnación, Reconocimiento, Romance y Recompensa), sabrás que las personas están buscando continuamente la forma de sacar mayor partido a la vida. Queremos más resultados, más placer, más salud, más respeto, más felicidad, más tranquilidad y disfrutar más de nuestro trabajo, de nuestra empresa y, sobre todo, de nuestras relaciones. También queremos evitar el dolor, la insatisfacción, las preocupaciones, los temores, la frustración, la tristeza, la mala salud y la mediocridad en todos los aspectos de nuestra vida.

Los titulares que ofrecen este tipo de promesas son capaces de llamar la atención. Por ello, tu titular debe transmitir una idea o intrigar a quien lo lea para que siga leyendo; dirígete a cada uno de los lectores personalmente (aunque lo vaya a leer mucha gente), y emplea palabras potentes con capacidad comunicativa. Si te dedicas a resolver un problema en particular, dirígete a las personas que tengan ese problema, porque centrarte en un público reducido siempre te va a aportar más negocio (y recuerda que siempre puedes utilizar un mensaje diferente para dirigirte a otros públicos).

Muy bien. Has conseguido la atención del lector, se ha leído el texto del anuncio y llega el momento de que os despidáis. Centra todos tus esfuerzos en que las palabras que cierren el anuncio le empujen a actuar. Tus palabras de despedida son importantes y deben decirle explícitamente que hacer para realizar un pedido y por qué debe actuar con cierta rapidez, así que recurre a los incentivos, fechas límite y obsequios para inspirar la acción inmediata. No dejes que tu comunicación se apague. Si piensas de nuevo en el recorrido visual, asegúrate de que, aunque el lector esté escaneando el anuncio, los aspectos principales de tu oferta salten a la vista. Sigue los consejos de diseño que te ofrecemos en las *Rookieherramientas* de este capítulo para llamar la atención sobre los elementos clave de la oferta y emplea viñetas o palabras y frases resaltadas para conseguir su atención. El lector se concentrará instintivamente en el final de la carta o anuncio antes que en la parte intermedia, así que asegúrate de repetir las ventajas clave de tu oferta en el cierre y, si es necesario, refuérzalo con un cierre adicional (por ejemplo una frase que sirva de conclusión).

Prueba, corrige y vuelve a probar

Otro gran error que cometen los aficionados es que no ponen a prueba sus ideas. Las pruebas son fundamentales si lo que estás a punto de emprender va a requerir de una inversión considerable. Si, por ejemplo, decides lanzar una campaña de envíos directos o vas a presentar una oferta especial o un obsequio, proponer ideas en una reunión de personal y, después, tomar una decisión ejecutiva sobre la que te gusta más puede ser un suicidio. Da igual lo que tú, tus amigos o tu madre piense que va a funcionar; lo que importa es si los clientes responderán, y la única forma de averiguarlo es poniéndolo a prueba antes de solicitar miles de unidades o lanzar una campaña a diez mil clientes.

No trates de adivinar las intenciones de tus clientes; prueba tus ideas con clientes auténticos y estudia su respuesta. Cuando estés haciendo pruebas, no te centres en más de un aspecto de la campaña a la vez. Si, por ejemplo, quieres saber qué titular tiene más gancho entre dos o tres opciones, cambia el titular y nada más. De esa manera, tendrás la certeza de que cualquier diferencia en los resultados se debe únicamente al titular. Puedes poner a prueba diferentes aspectos del marketing como los siguientes:

- **Titular.**
- **Oferta:** ¿una oferta basada en el precio da mejores resultados que otra basada en el servicio?
- **Incentivos:** ¿hay algún obsequio que dé mejores resultados que otro?
- **Calendario:** ¿cuándo se ha enviado o se publicó el anuncio?
- **Mercados de destino.**
- **Envoltorio:** ¿un sobre corriente da mejores resultados que otro de color o uno que tiene un lema impreso en el sobre?

Rookieconsejo

Antes de lanzar una campaña haz pruebas con clientes reales para observar su reacción. Establece grupos de control para valorar cada uno de los elementos por separado y corrige aquellos que no funcionen.

Cualquiera que sea el elemento del marketing que decidas poner a prueba, asegúrate de codificar los mecanismos de respuesta o la parte de la carta que llegará de vuelta con el pedido del cliente. Si no lo haces, cuando empiecen a llover los resultados no serás capaz de diferenciar entre las distintas opciones.

Sigue probando hasta que encuentres algún material de marketing de control que presente un rendimiento constante y, entonces, ni se te ocurra cambiarlo a no ser que encuentres otra cosa que funcione todavía mejor. Con demasiada frecuencia, las empresas tropiezan con un mensaje que parece funcionar y, justo en ese momento, a alguien se le ocurre que ha llegado el momento de cambiarlo porque piensa que los clientes deben de estar aburridos ya con él. En principio, si no está roto no lo arregles. Al contrario, sigue organizando pruebas nuevas contra el elemento de control para ver si puedes mejorar la respuesta. El grado de complejidad de tus grupos de control dependerá de los recursos de los que dispongas. A lo mejor sólo puedes hacer pruebas con el titular y con el cierre, pero no debes dejar de hacerlo en ningún caso.

También puedes utilizar la publicidad en línea para comprobar la efectividad de un lema que puedes utilizar como titular en una campaña destinada a material impreso. Contrata un plan de pago por clics y sube tus diferentes opciones a la Red. El resultado no será concluyente al 100% pero te proporcionará una información clara a través de un medio sencillo, fácil y rentable.

La falta de seguimiento

En marketing, la apatía es un arma de doble filo. El hecho de que los clientes nunca lleguen a devolver los productos, reclamar las garantías o cancelar su suscripción mensual puede resultar lucrativo para las empresas, pero lo cierto es que esa misma apatía puede acarrear pérdidas de ventas. Si envías una carta o un catálogo, puede que consigas que el cliente lo mire e incluso que se emocione hasta cierto punto con la idea de comprar un par de artículos. De repente suena el teléfono, se quema el aceite en la sartén o la pequeña Isabel necesita ayuda con los deberes de aritmética y todo el interés que habías conseguido generar se disipa y desaparece. El catálogo o la carta se dejan para otro día, que por supuesto nunca llega porque, al poco tiempo, se amontona encima una montaña de periódicos y, para cuando el cliente la vuelve a ver, en un arrebato de limpieza general, la oportunidad ha pasado y el folleto termina en la basura. Mientras tanto, en la sede central sientes desánimo y rechazo por todo el esfuerzo que has dedicado en preparar esos materiales. Has definido tu mercado objetivo, pulido tu propuesta única de ventas, incluido marketing de testimonios e inversión de riesgos y creado una oferta realmente convincente... ¿Qué ha sucedido?

Ha faltado el seguimiento. Ésa es la única razón por la que no has conseguido la venta y, aunque hay que reconocer que es duro y que la mayoría detesta hacerlo, lo cierto es que ganarás más dinero, te lo garantizo.

Rookieconsejo

Los acontecimientos de la vida cotidiana se interponen entre tus productos y tus clientes potenciales. La única manera de esquivar este obstáculo es a través del seguimiento. Lo sabemos: es duro, puede ser aburrido y árido, pero merece la pena porque si lo haces correctamente obtendrás más ventas (o lo que es lo mismo, más dinero).

Tienes que realizar un seguimiento. Lo ideal es hacer una llamada dentro de la primera semana desde el contacto inicial. El seguimiento es importante sobre todo después de las campañas de envíos directo de cartas de ventas en las que te hayas dirigido a una persona con nombre y apellidos. Si realmente no tienes capacidad de hacerlo, deberías considerar o bien campañas más reducidas (que te permitan ese seguimiento), o llevar a cabo un envío recordatorio, mandando una carta más breve que repita el mensaje de marketing y recordando las ofertas originales. El recordatorio puede enviarse una semana después de que haya llegado el original y otra vez (con una carta diferente) más o menos una semana más tarde. Si vas a utilizar recordatorios, asegúrate de no dirigirte a personas que ya hayan realizado un pedido (es muy irritante) e incluye una hoja de pedido y un sobre para la respuesta.

Dicho esto, el seguimiento telefónico es la mejor opción, al ser más rápido, barato, personal y dinámico, y permitirte reaccionar ante el cliente de la forma correcta. Tampoco hace falta que te entre un sudor frío sólo de pensarlo porque, si tu cliente es una persona muy ocupada y tu llamada breve lo ayuda a ahorrar tiempo y conseguir lo que quiere, todos salís ganando. Ten preparada una oferta que ayude a tomar la decisión en ese mismo momento y realizar un pedido.

Sitios en la Red deplorablemente flojos

No podríamos terminar un capítulo sobre las *catástrofes de bricolaje* sin sumergirnos en el mundo de los sitios en la Red. En el siguiente capítulo analizaremos cómo crear una buena página y asegurarnos de que los motores de búsqueda (buscadores) puedan encontrarla. Mientras tanto, ésta es una lista de los aspectos evitables:

Las diez mayores meteduras de pata de un sitio en la Red:

- **El uso de una pantalla de bienvenida o inicio.** Se trata de una primera página que recibe al visitante y le pide que haga clic para entrar en ella. Tus visitantes deberían estar a un máximo de tres clics de distancia de lo que quieran saber y una página de inicio supone un clic añadido, innecesario y casi siempre molesto. Ve directo a la página.

Suponiendo que hayas definido correctamente el público objetivo de tu marketing, la segunda versión es mucho más activa y personal. Otro problema que plantea el lenguaje en tercera persona es que es fácil caer en la voz pasiva, que evita las responsabilidades y no es eficaz, especialmente en marketing.

Habrá quien, desde un cargo corporativo, jurará vehementemente que el marketing para servicios a empresas es muy diferente al marketing de consumo y, desde luego, existen matices que debes considerar, pero hay una cosa que no cambia: las empresas no toman decisiones de compra, son las personas quienes lo hacen, así que debes dirigirte a una persona y no a una organización.

Rookieconsejo

Dirígete siempre a las personas (aunque tu producto sea un servicio para otra compañía). Las empresas no toman las decisiones, al final la determinación de comprar siempre dependerá de una persona.

- **Un contador de visitantes.** Hay multitud de formas de averiguar el tráfico de visitantes sin tener que exhibirlo en la página. Además, anunciar que has tenido 875 visitantes desde que abriste tu sitio, allá por 2006, no impresiona demasiado.
- **Texto con desplazamiento.** Si tienes algo que decir, dilo y deja que el lector lo lea a su propio ritmo, sin que tenga que esperar al resto de la frase o sin que se estrese por tener que ir a toda velocidad.
- **Avisos de «en construcción».** Insertar la dirección de la página en todo tu material y dirigir a la gente a un sitio que anuncia a bombo y platillo tus pésimas técnicas de planificación y organización nunca es sensato. Registra tu dominio, apárcalo hasta que hayas construido la página, pero no incluyas el mensaje de «en construcción», ni siquiera cuando vayas a abrir al día siguiente.
- **Mal diseño.** Lo ideal es que todo el texto importante esté visible nada más abrir la página. No obligues al lector a desplazarse a la derecha para terminar las frases. Además, ve al grano antes de llegar al borde inferior de la página, colocando todos los puntos principales y titulares llamativos antes de que el lector tenga que desplazarse. De lo contrario, tus posibilidades de que lo haga son mínimas. No centres el texto ni incluyas demasiado, sino divídelo en secciones y haz que resulte fácil navegar por la página.

Rookieconsejo

Al igual que con cualquier otro material de marketing, debes hacer pruebas con tu sitio en la Red. Además de tener en cuenta las sugerencias que te puedan hacer tus clientes, observa cuidadosamente el aspecto de tu sitio en diferentes resoluciones de pantalla, diferentes navegadores, diferentes sistemas operativos...

Rookieherramientas

Siete consejos de diseño para que parezcas un profesional

1. **Espacios en blanco.** Deja márgenes amplios y mucho espacio en blanco dentro y alrededor del diseño. Si hay demasiado texto, redúcelo editando sin piedad, pero no caigas en la tentación de apretujarlo todo.
2. **Utiliza uno o, como mucho, dos tipos de letra.** Los tipos de letra se dividen en con serifa y sin serifa (o letras de palo seco). La primera corresponde a las letras con un pequeño trazo o remate, como la que se ha empleado en el cuerpo de este libro. La sin serifa carece de esos trazos, como la letra Arial, y puede ser conveniente para los titulares porque les hace más visuales. La serifa debe utilizarse en el cuerpo del texto porque esos pequeños trazos hacen que las palabras sean más legibles (al menos ésa es la teoría).

3. **No utilices demasiados tamaños distintos de letra en el diseño.** Escoge un tamaño para los titulares y otro para el cuerpo del texto general, y bajo ninguna circunstancia lo cambies a mitad de frase.
4. **Crea un recorrido visual en el diseño** (más información en el apéndice) que dirija al lector a través del material y llame su atención hacia la información más importante que se vaya encontrando.
5. **Usa palabras de énfasis con moderación.** Por instinto, la gente suele hojear un documento antes de decidir si es importante y merece la pena leerlo a fondo. Para ello, tienes que seleccionar palabras y frases clave que guarden relación con las ventajas más importantes, pero sin sobrepasarte porque, si lo haces, empezará a parecer desordenado.
6. **Fragmenta el texto para que sea más accesible al lector.** Las viñetas y los recuadros son excelentes en este sentido.
7. **Termina las páginas con secciones interesantes.** Divide las frases de forma deliberada por la mitad, para que el lector se sienta motivado a pasar de página y seguir leyendo. Nunca termines una idea en una página o podrás perder a un lector.

Rookie en acción: en los negocios, todo lo que hagas marca una diferencia en la forma en que te perciben tus clientes potenciales. Si tu material de marketing parece de aficionados, sea acertado o no, asumirán que tu negocio también lo es y eso te supondrá una pérdida de ventas. Incluso si tus clientes aprecian el valor y, por lo tanto, supones que, tal vez con razón, no responderán al marketing caro e impecable, aun así quieren garantías de que sabes lo que haces. Para proyectar una imagen profesional no es necesario gastarse una fortuna, sino únicamente evitar los errores típicos del marketing de andar por casa que hemos señalado en este capítulo. Si lo haces, vas por buen camino.

Cosas que voy a hacer...

Cosas que necesito que otros hagan por mí...

La presencia profesional en la Red es fundamental porque no sólo te da acceso a un mercado global, sino que iguala las condiciones en ese mercado, añade credibilidad a tu negocio y te ofrece un método sencillo y económico de seguir en contacto con tus clientes. Aunque tener un sitio es sólo una pieza del puzzle. En este capítulo encontrarás sugerencias para crear tu sitio sin terminar en números rojos y algunos consejos cruciales para que los buscadores la localicen.

CAPÍTULO 9

Crea un sitio en la Red eficaz

Cuesta creer que el primer sitio comercial en la Red se creara en 1990. Por aquel entonces, cualquier sitio era buena, incluso aquellos horribles bloques de HTML plano con fondo en azul marino... Hoy ya no vale simplemente con tener un sitio estático (aún cuando tenga una combinación de colores vistosa).

Rookieconsejo

Los sitios estáticos de colores chillones tenían su gracia en 1990, de la misma forma que los bisontes de la cueva de Altamira eran la mejor representación posible en la Prehistoria. Si lo que quieres hacer un retrato de tu negocio, utiliza la mejor cámara del mercado (recuerda que estamos en pleno siglo XXI).

Si lo que ofreces es bueno, tendrás visitas

Los programas de plantillas de código abierto han supuesto una oportunidad increíble para quienes desean crear su propio sitio sin tener que invertir miles de euros. Programas como DotNetNuke (DNN) o Joomla ofrecen una solución flexible y versátil para la creación y gestión de sitios en la Red. En otros tiempos, si observabas un error ortográfico en cualquier página de tu sitio tenías que pasarte varios meses de mucha frustración persiguiendo al programador de turno para que introdujese los cambios. Gracias a la introducción de programas gestores de contenido, eso ya es historia. Ahora basta con descargar una plantilla de página, elegir un diseño (o *piel)* apropiado y empezar a llenarlo de contenido. Tú quedas al mando, así que si ves alguna errata molesta sólo tienes que entrar en el área de administración y podrás hacer los cambios tú mismo en cuestión de segundos. No te desanimes por el término *plantilla* porque este tipo de diseños presenta una amplia gama en cuanto a flexibilidad, distribución y diseño.

Rookieconsejo

Los sistemas de gestión de los contenidos te dan total libertad para hacer cambios y modificaciones pertinentes.

Hay muchas razones para apasionarse con la Red, porque las posibilidades que tenemos hoy a nuestra disposición son increíbles. Además, los avances en el conocimiento y el aumento de la competencia han aumentado aún más su accesibilidad. Por ejemplo, registrar un dominio punto com en 1998 podía tener un coste superior a los 250 euros cuando hoy apenas cuesta 2,5 euros.

La Red ha venido para quedarse y, cuanto antes lo aceptes, mejor para tu negocio. Por primera vez en la historia, las pequeñas empresas pueden competir verdaderamente en un escenario global, mano a mano con las grandes multinacionales y esto no sólo ha supuesto oportunidades en la forma de llegar al mercado y entregar un producto o servicio, sino también en cómo se realiza el trabajo. Empresas como Barrabés (un pequeño comercio familiar de material de montaña situada en los Pirineos que se convirtió de la noche a la mañana en una de las principales tiendas en línea del mundo en su sector) atestiguan de qué forma la Red puede cambiar para siempre cualquier empresa.

Pero tanta libertad y oportunidades tienen un precio. Al principio, cualquier sitio en la Red era bueno. Al fin y al cabo no había muchas personas ni empresas que tuvieran uno. Hoy existen miles de millones así que debemos enfrentarnos al doble desafío de crear un sitio excelente y asegurarnos de que los buscadores lo encuentren. Incluso con los increíbles avances en prestaciones de la Red, sigue siendo sorprendente el reducido número de sitios optimizados, lo cual, por otra parte, es una buena noticia para ti.

Crear un sitio de éxito exige una combinación de texto, diseño, navegabilidad y todas las técnicas de marketing que hemos abordado en este libro pero, por mucho que contrates a un diseñador que haya ganado multitud de premios, a un redactor de talla mundial, o al mejor gurú de marketing del planeta para que te ayuden con tu sitio, si ninguno de ellos sabe aplicar su magia en el contexto de los buscadores, estarás perdiendo el tiempo y el dinero.

Los buscadores, como Google y Yahoo, son servicios automáticos que envían un programa llamado araña (también robot o arrastre) para examinar todas las páginas de la Red. Estos programas se *deslizan*, en sentido figurado, por los sitios e insertan parte de la información que encuentran en la base de datos del buscador, que se conoce como índice. De esa manera, cada vez que alguien introduzca, por ejemplo, la orden de buscar colecciones de sellos en el buscador, el motor de búsqueda no se dirige a la Red, sino a su índice y le responde con una lista de los sitios más pertinentes y que más se ajusten al término o frase. Saber lo que el buscador considera pertinente es el mejor método para optimizar tu posicionamiento (tu colocación en los índices) en los buscadores.

Con cada búsqueda, el buscador devuelve dos tipos de resultados: enlaces orgánicos y patrocinados. Como sus propios nombres indican, los enlaces patrocinados son de pago y los orgánicos, no. Los primeros suelen aparecer en la parte superior y a la derecha de la página, por lo general sobre un fondo resaltado. Son resultados que, en general, son pertinentes a tu búsqueda y la única diferencia que existe con los enlaces orgánicos es que detrás de estos últimos hay una empresa ha dedicado tiempo y esfuerzo a optimizar su sitio mientras que en los patrocinados lo que hay es una empresa que se ha gastado dinero para aumentar su visibilidad. Cada vez que pulsas sobre un enlace patrocinado, el propietario de esa página tendrá que pagar por el privilegio de contar con tu visita.

Optimizar tu sitio te permite llegar a nuevos clientes que, tal vez, se otra forma nunca llegarían a ver tu material de marketing ni a encontrar tu dirección en un folleto. La Red se ha convertido en la guía mundial de servicios y absolutamente todo el mundo la utiliza para realizar búsquedas y encontrar los productos y servicios que necesita. Los buscadores son una pieza fundamental en este proceso así que debes hablar su idioma para que te consideren en sus listas. Volviendo al coleccionismo de sellos... Si buscas en Google la expresión «coleccionismo de sellos» encontrarás 592.000 páginas potenciales sobre este tema. Mucha gente sólo mira las dos primeras páginas, y la gran mayoría no mueve la barra de desplazamiento (lo que limita sus resultados a un máximo de cinco o seis). Eso significa que hay 591.994 páginas potencialmente dedicadas al coleccionismo de sellos que difícilmente tendrán visitantes. No pienses que el panorama es un poco deprimente, al contrario, detecta la oportunidad que se te ofrece de destacar por delante de tu competencia. Tu tarea consiste en asegurarte de que tu sitio aparezca en la primera página (ten en cuenta que ese será el objetivo común de un montón de personas, así que deberás ser más listo que ellos).

Rookieconsejo

Si quieres que los buscadores te encuentren, necesitarás hablar su idioma.

En este capítulo conocerás los pasos que debes seguir obligatoriamente con tu sitio para tener probabilidades de aparecer en esas páginas.

Análisis de la competencia y palabras clave

El primer paso es crear una lista de las palabras y frases que creas que la gente escribirá en un buscador cuando busque los productos o servicios que ofrece tu empresa. Para facilitar el proceso, introduce algunos de ellos en un buscador y fíjate en qué páginas aparecen al principio de la búsqueda orgánica: ¿es tu competencia? Si lo es, vas por buen camino. Echar un vistazo a las páginas de la competencia puede darte ideas de nuevas palabras y frases clave que, tal vez, no se te habían ocurrido. Pulsa «Ver código fuente» en tu navegador para estudiar el código que han usado al crear la página y fíjate en sus palabras clave (busca la etiqueta de HTML «<keywords>» y allí tendrás una lista de sus palabras clave).

Ten en cuenta que los usuarios no siempre emplean las mismas frases que las empresas. Por ejemplo, un fabricante de electrodomésticos raramente mencionaría que sus productos son baratos en el texto por las connotaciones de mala calidad, sino que promocionaría su negocio como *la alternativa económica* que ofrece al consumidor aparatos de bajo coste sin sacrificar la calidad. El consumidor no tiene porqué ceñirse a ese patrón y casi seguro buscará directamente «congeladores baratos», algo mucho más específico. Y piensa que si los consumidores utilizan la lógica aplastante de lo sencillo, imagina lo que harán los buscadores, que al fin y al cabo son sólo unos programas que están nada puestos en semántica.

Cuando tengas la lista de términos, deberás analizar en profundidad si se trata de expresiones auténticas que emplearían las personas en el mercado en el que vendes. Una de las mejores herramientas para esto es Wordtracker (wordtracker.com), con millones de resultados de búsquedas reales, que te permite diferenciar entre lo que crees que busca la gente y lo que busca realmente. También te permite encontrar términos inusuales o de poco uso, capaces de aumentar tu tráfico, y te muestra los resultados de todos los grandes buscadores, con la posibilidad de limitar los resultados a búsquedas por país. También dispones de otra serie de herramientas gratuitas (como la herramienta Keyword de Google Adwords) que puedes utilizar para colocarte en el punto de salida. Utilízalas para descubrir lo que busca la gente y encontrar sugerencias que puedas haber pasado por alto.

Definir las palabras y frases clave es un paso fundamental para poder colocarlas estratégicamente en la página y aumentar el tráfico y mejorar la posición en las listas de búsqueda.

El título

El título de una página es el texto que aparece en la parte superior de la pantalla. Se trata de uno de los primeros elementos que se encontrarán las arañas y, por esa razón, debe ajustarse a lo que está buscando la gente. Conviene que incluyas las palabras y frases más importantes que hayas identificado: a qué te dedicas, tu nombre (o el nombre de tu empresa) y una característica principal de venta como pudiera ser la rapidez.

Muchas páginas no utilizan este espacio eficazmente. Dependiendo del buscador, dispones de hasta 168 caracteres, aunque para mayor seguridad es mejor utilizar las palabras más estratégicas al principio y limitar el título a unas diez u once palabras. Puede que el diseñador te diga que queda mejor con espacios o separando las frases con series de dos puntos («::») o algún símbolo de similar atractivo, pero no lo hagas. Las arañas interpretan ese toque decorativo como caracteres de parada, interrumpen la inspección de tu página y no se llevan nada al índice, por lo que nadie te va a encontrar (sin duda un precio muy alto por un símbolo tan ingenuo). Separa las frases mediante una barra (|) y utiliza todo el espacio que tienes.

Descripción

Entre bastidores, la descripción incluye cierta cantidad de código HTML. Se trata del breve párrafo en la lista de resultados del buscador que informa al lector con un poco más de detalle sobre la página. Esta información se incluye en cada una de las páginas, utilizando la etiqueta de código HTML «<META NAME="DESCRIPTION" CONTENT="...">».

Cada buscador admite una cantidad diferente de texto, por lo que conviene incluir los puntos principales al principio. Si no defines esta etiqueta en el diseño de cada página, las arañas recogerán el primer texto que se encuentren en el sitio (y eso no siempre es conveniente). Si quieres tener control sobre lo que aparece bajo tu enlace, completa la etiqueta descriptiva y asegúrate de incluir las palabras y frases clave. Haz que cada palabra cuente.

Palabras clave

Cuando tengas las palabras clave que necesitas, añádelas a la etiqueta de palabras clave en el código HTML.

<META NAME="KEYWORDS" CONTENT="...".

Rookieconsejo

Cuando definas palabras clave de todas las páginas de tu sitio, incluye los errores ortográficos más comunes y un número razonable de sinónimos. Nunca sabes qué es lo que está buscando el usuario en cuestión.

Las personas que buscan en la Red se mueven a gran velocidad. así que deberás optimizar todas tus páginas y no sólo la principal. Imagina una empresa que ofrece análisis gratuitos de pertinencia en mi sitio en la Red (un servicio de evaluación de marketing sin coste que estudia la pertinencia del marketing del cliente respecto a su público objetivo). A menudo, cuando dirigimos una empresa nos metemos tanto en ella que dejamos de verla con los ojos del consumidor y el marketing refleja esa miopía. Las auditorías de pertinencia proporcionan información objetiva sobre lo que está funcionando y lo que no, ya tenga que ver con folletos y comunicaciones corporativas o con un sitio en la Red. Si alguien busca consejos gratis de marketing en línea, por ejemplo, es importante que llegue a esa página en concreto y no a la principal. En ese caso, la página dedicada a los análisis gratuitos de pertinencia se optimizaría mediante un título, etiqueta descriptiva y palabras clave específicas.

El contenido de la página

Antiguamente (es decir, hace unos pocos años) era posible engañar a las arañas y avanzar en la clasificación esparciendo determinadas frases y palabras por la página aunque, con frecuencia, el texto tenía poco sentido para el lector de carne y hueso. Esto ya no ocurre y, si lo intentas, te arriesgas a que te incluyan en la lista negra y que tu página quede excluida de los resultados de las búsquedas. Además, ¿qué sentido tiene subir en la clasificación si la información de la página principal es un desastre? El buscador acabará pasándola de largo.

En lugar de eso, crea una página realmente buena. Redacta un texto pertinente que responda a las necesidades de tus clientes aprovechándote de todas las técnicas y consejos que ya has leído en este libro, como los testimonios, la inversión del riesgo y las garantías de devolución del importe. Asegúrate de incluir tus palabras y frases clave de forma natural en el texto, sobre todo en el primer párrafo.

Los buscadores prestan atención a las etiquetas HTML <H1>, o encabezados de primer nivel, dando por supuesto que cualquier cosa que figure en ellos es importante, así que te conviene que tus palabras clave aparezcan de forma natural en tus encabezados.

No te pases de listo porque los buscadores leen texto, no gráficos. Si tu diseñador ha creado unos encabezados gráficos de lo más moderno, los motores de búsqueda no los leerán y habrás perdido una oportunidad valiosa de subir en la clasificación. Trata al texto como texto, no como gráficos.

Asegúrate de que el menú de navegación contenga palabras clave siempre que sea posible; haz que cada término cuente. En lugar de un menú que diga «servicios» o «catálogo», sustituye esos apartados por «servicios de reformas en el hogar» o «catálogo de discos de relajación».

También vale la pena formatear el texto importante relacionado con tus palabras clave, por ejemplo insertando en negrita determinadas palabras. Hay a quien no le gusta hacerlo y, en algunos casos, especialmente en los sitios de arte como en los de fotografía, no siempre es adecuado, aunque es cuestión de gustos personales.

Imágenes

Si utilizas imágenes y gráficos, asegúrate de que tengan que ver con el mensaje o la estética y que no sean más grandes de lo necesario. Los nombres de archivo de las imágenes deben contener tus palabras clave, puesto que, aunque la persona no lo vaya a ver, las arañas sí y, de hecho, evalúan la pertinencia de la página según esa información. Asegúrate de que los nombres de archivo de tus imágenes tengan que ver con tu propuesta empresarial. Por ejemplo, en una página de un escritor puedes incluir una foto de una mano escribiendo con una pluma y llamarla «mano escribiendo» pero también puedes incluir los datos de contacto y el nombre del escritor. Utiliza la etiqueta <alt> para reforzar la información referente a la imagen.

Rookiconsejo

Evita utilizar imágenes demasiado grandes. En la Red la palabra paciencia no existe. Si la página tarda más de diez segundos en cargarse (en algunos casos puede que menos), el usuario pasará de largo.

Enlaces dentro de la página

Vincula el contenido de cada página de forma que jerarquices el contenido (por ejemplo, de titulares a explicaciones en detalle) e incluye enlaces a otras páginas dentro de tu sitio para agilizar la navegación (evitando obligar a tu usuario a pasar por el menú cada vez que quiera cambiar de sección).

Enlaces

Contar con enlaces que dirijan a tu sitio también es importante para los buscadores. Si eres miembro de algún organismo oficial y tienes la posibilidad de incrustar un enlace en su sitio, aprovéchala. Cuantos más enlaces de este tipo tengas, mejor. Conviene asegurarse de que provengan de fuentes creíbles.

Rookieconsejo

No pierdas el tiempo ni el dinero con las granjas de enlaces, los buscadores conocen su existencia y las ignoran.

Si tienes la posibilidad de insertar un enlace hacia tu página, asegúrate de dotarle de significado. Por ejemplo, si eres un nutricionista y consigues propaganda en un directorio o en la página de una asociación del sector mediante un enlace que redirija a tu sitio, no titules el enlace con la expresión «haz clic aquí». Redacta un texto coherente, como «contacta con tu experto nutricionista local» y la araña se dará cuenta de que el contenido del enlace se ajusta al contenido de tu página y asume, dentro de sus limitaciones, que eres un verdadero nutricionista y posees una página especializada de gran popularidad.

Medidas para evaluar tu página

Si tienes un sitio en la Red, ábrelo ahora y contesta a las siguientes preguntas sobre cada una de las páginas:

1. ¿Qué aparece en el título de la barra superior de la página? Debería referirse a lo que haces y contener palabras y frases clave que tengan que ver con tu negocio.
2. ¿La página principal tiene encabezado? ¿Incluye tus palabras clave y atrae la atención del lector?
3. ¿El párrafo de apertura contiene palabras y frases clave que los posibles usuarios puedan estar buscando si se encuentran en el mercado de tu producto o servicio?
4. Si buscas el nombre de tu empresa en Google o en Yahoo, ¿aparece en los listados? ¿Qué descripción contiene sobre la página? ¿La has escogido tú o el buscador ha tomado un texto aleatorio de tu página?
5. Si entras en «Ver código fuente» en el menú, ¿tus etiquetas de palabras clave contienen frases y palabras?
6. Si tienes grafismo en la página, ¿las imágenes llevan nombre? ¿Has usado la etiqueta <alt> para dar un sentido a las imágenes que pueda ayudar a los buscadores?
7. ¿Tienes enlaces internos que ayuden al lector a navegar rápidamente por la página?

Si es necesario, efectúa cualquier cambio en la página inmediatamente para mejorar tu posición.

Rookie en acción: lo bueno de los sitios en la Red creados con gestores de contenido es que los puedes cambiar cuando quieras. También te permiten probar ideas y técnicas de redacción fácilmente sin tener que reimprimir materiales adicionales de marketing, como nuevos folletos. Pero si no eres un experto en informática resulta muy recomendable contratar a alguien que asuma la responsabilidad de gestionar el día a día y de hacer las actualizaciones. De lo contrario corres el riesgo de que se te escape entre las manos. En el apéndice encontrarás más información sobre los paquetes informáticos de código abierto y por dónde empezar para crear una presencia profesional en la Red. Recuerda que tu sitio en la Red es un proyecto constantemente en curso que nunca se termina.

Cosas que voy a hacer...

Cosas que necesito que otros hagan por mí...

El marketing es lo último que puedes pasar por alto, sobre todo en situaciones de recesión económica. Si estás pasando por dificultades en tu empresa, lo instintivo es atrancar las escotillas y tratar de capear el temporal. Sin embargo, lo correcto es aprovecharse de los momentos de calma para recabar la información que necesitas para implementar con éxito algunas de las estrategias de este libro porque el marketing te blindará a tu empresa a prueba de crisis.

CAPÍTULO 10

Cómo blindar tu empresa a prueba de crisis

Aunque este capítulo se centra en ideas de coste muy bajo que pueden ser particularmente eficaces cuando la liquidez es muy ajustada, lo cierto es que son estrategias importantes que deberías poner en práctica independientemente de la salud financiera de tu negocio.

Está claro que el buen marketing requiere tiempo o dinero, así que si no dispones de montañas de efectivo para invertir en él, tendrás que dedicar tiempo, un recurso que, tal vez, te sobre en situaciones de depresión económica, así que piensa que no hay mal que por bien no venga y ponte manos a la obra.

Rookieconsejo

El marketing exige tiempo o dinero. En tiempos de incertidumbre económica lo normal es que estés justo de efectivo pero que el parón productivo te deje cierta cantidad de tiempo que puedes invertir en mejorar tu marketing. Si lo haces bien, cada vez tendrás menos tiempo y más dinero.

Campañas de reactivación de clientela

Si alguien te ha comprado anteriormente, ya has superado los obstáculos y objeciones que suelen asociarse al proceso de compra, así que si has realizado una venta (aunque haya sido hace tres años), esa persona tiene más probabilidades de responderte que otra sin historial de cliente.

La información de tus clientes anteriores la tendrás seguramente en algún lugar, búscala, crea una lista con nombres y apellidos, direcciones, números de teléfono, la fecha de la última compra y el producto o servicio. Si te preocupa que los datos no puedan estar actualizados, puedes recurrir a las Páginas Blancas en la Red o llamar a un servicio de listados que pueda cotejar tu directorio frente a un censo actual. Algunos incluso podrán proporcionarte nuevas direcciones y números de contacto si la persona ha cambiado de domicilio entre tanto.

Apunta los datos de los clientes inactivos que seas capaz de localizar y haz una muestra de treinta nombres que utilizarás como grupo de control. Comprueba sus datos y ponte en contacto con ellos. Lo ideal es llamarlos por teléfono porque eso te permite responder inmediatamente a lo que te digan; explícales que el motivo de tu llamada es que te has dado cuenta de que no te han comprado nada desde la fecha que sea y que te gustaría saber si hay algún motivo por el que no lo han hecho. ¿Han tenido una mala experiencia con tu empresa? Si es así, prepárate para pedir perdón y asegúrales que no volverá a suceder. Si se han marchado por cuestiones de precio, estudia la posibilidad de igualar sus nuevas ofertas o mejorarlas.

En definitiva, llama a tus clientes anteriores y habla con ellos. No siempre vas a conseguir que vuelvan y, desde luego, puedes recibir alguna que otra respuesta fría o desconcertante, pero hazlo de todos modos porque, de esa manera, estarás demostrando tu compromiso hacia la atención al cliente con hechos y no sólo de palabra. Si descubres que se ha producido un problema, al menos tienes la oportunidad de disculparte correctamente y subsanar el daño, explicándoles los cambios que has implementado en los sistemas o procedimientos y hasta qué punto has solventado los problemas anteriores. Averigua qué debes hacer para volver a tener relación con ellos. Si procede, ofrécete a enviarles una muestra gratuita para que puedan volver a ver tus productos sin compromiso. Cualquiera que sea la respuesta, una conversación animada y dinámica puede mejorar mucho tus posibilidades de recuperarlos.

Piensa en cómo reaccionarías tú si hubieras tenido una mala experiencia con una empresa y algún empleado de la misma levantara el teléfono para pedirte disculpas personalmente. La mayoría de las veces perdonarías la equivocación. Teniendo esto en cuenta, si metes la pata hasta el fondo y te topas con un cliente totalmente indignado, pide perdón y hazlo en serio.

Rookieconsejo

Cuando cometas un error pide disculpas. Te sorprendería lo que es capaz de conseguir una disculpa sincera en una relación empresarial hecha añicos.

En la mayoría de los casos, descubrirás que los clientes no dejaron de serlo intencionadamente, sino que la apatía hizo su aparición y nunca llegaron a volver a comprar. Si te armas de ofertas e incentivos especiales, también puede sorprenderte lo fácil que es reactivar a ese cliente, pero asegúrate de actualizar sus datos de contacto y de tomar nota acerca de cualquier preferencia que pueda sugerirte durante la llamada.

Puedes contar con que al menos un 25% de las personas con las que contactes volverán a comprarte inmediatamente. Limítate a pedir permiso al resto para informarles de las futuras ofertas. Apunta sus direcciones de correo electrónico (un medio sencillo y rentable de permanecer en contacto). Lo irónico es que, al haber contactado con ellos personalmente (sobre todo si lo haces por teléfono o en persona), les habrás demostrado que te acuerdas de ellos y te preocupa que hayan dejado de comprarte. Les estás diciendo que para ti son personas, no números y, por eso, muchos se convertirán en tus clientes más fieles y rentables.

El otro grupo importante con el que podrías contactar es el que figura en la lista de personas que te han solicitado información o han participado en un concurso, etc. En realidad, convertir estos contactos en ventas puede resultar más fácil que convencer a las personas sin conocimiento previo ni experiencia con tu empresa.

Rookieconsejo

Si te diriges a personas que se hayan puesto en contacto contigo alguna vez y les presentas una oferta lo suficientemente sólida, obtendrás un alto índice de ventas.

Aprovecha los contactos paralelos

En épocas difíciles, debes llegar a tus clientes potenciales de una forma económica, por ejemplo a través de los contactos paralelos. Piensa en quién mantiene el contacto con tu mercado objetivo y ha establecido una relación sólida con ellos.

Evidentemente, no estoy hablando de la competencia, sino de empresas de sectores no relacionados y no competitivos que ya estén hablando con las personas a las que tú quieres alcanzar. Digamos, por ejemplo, que estás en el sector de la venta e instalación de moquetas y, a través de un análisis de mercado y clientes, descubres que tu público objetivo son personas que están construyéndose una casa en un radio de 30 kilómetros de tu tienda. ¿Quién más puede estar hablando ya con ellos?

- Arquitectos.
- Albañiles.
- Carpinterías metálicas.
- Proveedores de estores y cortinas.
- Viveros.
- Paisajistas.
- Mobiliario exterior.
- Proveedores de iluminación.

Cuando hayas identificado algunas empresas que puedan tener contacto con tus clientes potenciales, analízalas y dirígete a la que tenga la mejor reputación para pedirle que te recomiende a sus clientes.

¿Por qué iban a hacerlo?, te preguntas. Porque, si son conscientes de que su tarea no sólo consiste en hacer bien su trabajo, sino descubrir los objetivos de sus clientes y ayudarles a conseguirlos, tiene todo el sentido comercial. Si el albañil se da cuenta de que su trabajo no es sólo construir una casa preciosa para el cliente sino, también, ayudarlo a conseguir la casa de sueños, ofrecerle descuentos especiales, pertinentes y únicos, en ese sentido coloca al albañil por delante de la competencia.

La cuestión estriba en proponer a esas empresas una oferta irrechazable (aunque sin comisión) con descuentos especiales exclusivos para ese sector. Por ejemplo, el albañil podría entregar a su cliente un bono descuento de tu tienda de moquetas por valor de una habitación gratis si contrata toda la vivienda, o el refuerzo sin coste en las escaleras si enmoqueta al menos tres habitaciones, o un 5% de descuento sobre todo el pedido. Cualquiera que sea la oferta que decidas, debe ser exclusiva para los clientes de esa empresa, de modo que les parezca que estás ofreciendo un valor añadido real para sus clientes.

Si el albañil es inteligente, negociará con toda una serie de proveedores para que su cliente pueda conseguir descuentos interesantes en productos y servicios que, sin duda, tendrán que contratar dentro del proyecto de construcción de su vivienda.

Todos salen ganando: el albañil porque puede utilizar su fajo de bonos descuento para ganar una ventaja competitiva y todas las empresas del folleto de vales, incluida tu tienda de moquetas, consiguen acceder a clientes potenciales interesados en su producto. Puede que tengan que sacrificar un pedacito de su margen, pero vale la pena si supone un cliente nuevo aunque, por encima de todo, gana el cliente porque consigue verdaderos descuentos y, además, ninguna de las empresas compite por su dinero.

Estrújate el cerebro, descubre quién está hablando ya con tu mercado objetivo y preséntales una oferta que no puedan rechazar, pero asegúrate de que comprenden la ventaja competitiva que les supone esa oportunidad.

Rookieconsejo

Las ofertas irrechazables no lo son tanto si no van acompañadas de una explicación de las ventajas competitivas que supone esa oportunidad.

Ofrece incentivos a los clientes

Los incentivos no tienen por qué costar mucho dinero y, si no, fíjate en tu inventario actual: ¿hay algún producto remanente en las viejas existencias que pudieras entregar como incentivo para la acción inmediata de los clientes? Piensa en los recursos de que dispones en estos momentos en tu empresa, en términos de existencias e información. ¿Sería posible que escribieras un informe sobre tu producto o servicio con información vital y de valor para tus clientes?

Por ejemplo, si vendes fotocopiadoras a grandes empresas, podrías incluir una sesión formativa de media jornada para enseñar a los empleados cómo sacar el máximo partido a las máquinas o utilizarlas de la forma más eficiente, o incluir un informe paso a paso para reducir un 20% los gastos de la máquina.

Incentiva a tus empleados

Pide ideas y sugerencias a tus empleados para recortar gastos y mejorar la eficacia. Cuando la multinacional estadounidense Harvester se encontró económicamente en apuros, una de sus filiales, Springfield Remanufacturing Corporation (SRC), propuso la venta de acciones a directivos. El nuevo equipo arrancó sin dinero ni recursos y con 119 personas que dependían de ellos mismos para conservar sus puestos de trabajo y sus hogares.

El director de SRC, Jack Stack, creía en la premisa fundamental de que «la forma mejor, más eficaz y rentable de dirigir un negocio consiste en dar voz a todos los integrantes de la empresa en cuanto a la forma de gestión y hacerles participar en los resultados económicos, para bien o para mal». Como resultado de esta filosofía, SRC cosechó un éxito detrás de otro hasta convertirse, en la actualidad, en un grupo de 22 empresas con unos ingresos combinados superiores a los 100 millones de euros. Muchas de estas empresas se crearon gracias a la identificación de debilidades e ineficiencias por parte de los empleados.

Invita a tu personal a proponer sugerencias para mejorar el negocio. Ellos son quienes dan la cara en tu empresa, conocen los procesos como la palma de su mano porque trabajan con ellos todos los días y es probable que algunos ya se hayan dado cuenta de las incompetencias. Pero si no cuentan con ningún incentivo para dar el paso o la política de la empresa no apoya las mejoras constantes, no van a levantar la mano para contárselo a nadie o, peor aún, ya lo han hecho y nadie les ha prestado atención. Coloca una urna de sugerencias para facilitar la participación de todos, revisa las ideas y recompensa a los autores de las mejores. No sólo la empresa ahorrará dinero y ganará eficiencia, sino que el empleado se sentirá valorado. Si esta clase de colaboración continúa en el tiempo, la política acabará cambiando y probablemente recibas ideas extraordinarias de tu plantilla. El ambiente de trabajo también mejorará porque el personal se sentirá más apreciado y respetado por su contribución, y eso reforzará su fidelidad hacia la empresa, su rendimiento y su disfrute con el trabajo, lo que, a su vez, será una ayuda para tu negocio y, sobre todo, para tu cliente.

Rookieconsejo

Involucra a tu personal e incentiva su participación en los procesos. Quien trabaja en el día a día conoce mejor que nadie las áreas de mejora y si percibe que le hacen caso se sentirá valorado.

Tres armas secretas durante una recesión

Cuando el negocio se complica, lo primero que se suele recortar es el presupuesto y los esfuerzos de marketing por la costumbre de reducir la actividad en el peor momento posible. Pero en una recesión económica hay que hacer justo lo contrario y no dejar que el miedo nos dicte la estrategia. Además, si todo el mundo se retira del mercado, aparecerán huecos que una empresa hábil y con una buena base de datos de clientes podrá aprovechar.

Di las cosas como son

En primer lugar, no ocultes los problemas económicos porque todo el mundo está pasando por los mismos apuros y corres el riesgo de parecer estúpido. Si hay un elefante en la sala, habla de él. Centra tus textos o tu mensaje en el hecho de que hay una crisis y, siempre que sea posible, encuadra las ventajas que ofreces en ese contexto. Si, por ejemplo, vendes sofás de piel de alta calidad, puedes pensar que la gente va a huir de tu producto en una recesión, pero recuerda que el precio, por sí solo, no suele ser la motivación de compra. Por encima de todo, la gente busca valor, así que no te precipites a rebajar los precios de tus productos, sino dirige la atención de tus clientes hacia la durabilidad de tus productos. Ofrece una ampliación de la garantía o un tratamiento gratuito del cuero con cada compra (vendido aparte a tal precio). Hazles notar el valor que ofrece tu producto y hasta qué punto una alternativa más barata acaba saliendo cara.

Aunque tu publicidad debe ser sincera en todo momento, ir un paso más allá puede ser muy impactante. Según *¡Sí!*, de Goldstein, Martin y Cialdini, reconocer los fallos propios es una herramienta poderosa de la influencia porque aumenta la confianza.

Rookieconsejo

«Confesamos nuestros pequeños defectos para persuadir a los demás de que no tenemos otros mayores» (Francisco VI, duque de la Rochefoucauld, escritor y moralista francés del siglo XVII).

Se supone, evidentemente, que los defectos que admites son reales, menores y permiten encuadrarse en un contexto positivo. El poder adicional de esta estrategia se deriva de relacionar el defecto con una ventaja asociada a él. Volviendo a la venta de sofás de alta calidad, podrías llamar la atención sobre el hecho de que tus productos no son los más baratos del mercado, aunque si lo dejas ahí, no estás diciendo nada que el cliente no sepa ya. En vez de eso, explícales que tus sofás de piel italiana y cosidos a mano son caros pero tan buenos que vienen con una garantía de por vida, así que no tendrán que volverse a comprar otro sofá nunca más si no quieren. Al extraer un punto positivo del defecto, no sólo lo neutralizas, sino que creas confianza y la confianza vende.

Contraste perceptible

Una buena técnica para disimular una oferta que tu clientela percibirá como cara es el contraste perceptible. La técnica es muy sencilla. Simplemente se trata de hacer una oferta inicial bastante peor de la que tenías pensado hacer y, tan pronto como percibas que tu cliente se queja por un precio que considerará seguramente muy alto, ofrécele un descuento que deje el precio en el que inicialmente habías pensado. No se trata de engañar a tus clientes sino de hacerles más llevadero un precio que de otra forma sería muy difícil de aceptar. Imagina que tu negocio consiste en dar via-

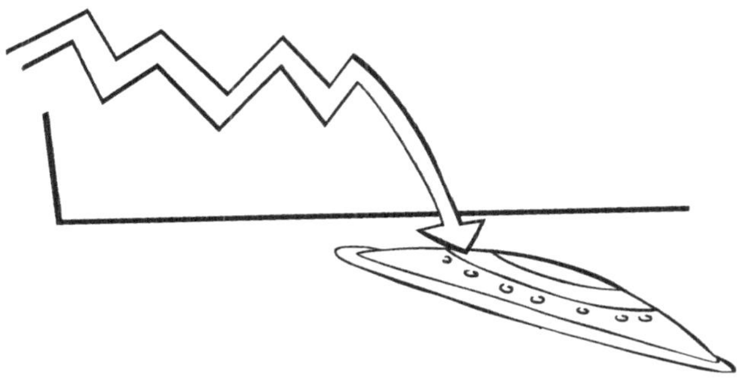

jes turísticos en helicóptero por la ciudad de Nueva York. Por muy bueno que seas recortando costes el precio final será ciertamente alto (tienes que pagar el mantenimiento y el combustible del helicóptero, al piloto, la licencia de vuelo en área urbana...). Si tu cliente percibe una rebaja por cualquier razón («esta semana tenemos un precio especial para grupos») aceptará de mejor grado pagar por ese servicio.

Notas adhesivas

El sociólogo Randy Garner envió unas encuestas a una selección aleatoria de personas pidiéndoles que rellenaran y devolvieran el estudio. Una parte recibió una nota adhesiva pegada sobre la encuesta donde se solicitaba que el destinatario respondiera al estudio, que estaba unido a una carta de presentación. Otra parte recibió un mensaje manuscrito parecido pero escrito sobre la carta de presentación y la tercera solamente la carta y la encuesta. La versión con la nota adhesiva con texto manuscrito obtuvo un índice de respuesta del 75% frente al 48% y 36% de los otros casos, respectivamente. Después de otras pruebas adicionales, se llegó a la conclusión de que no sólo se debía a que la nota llamaba la atención del destinatario gracias a su color brillante, sino que existía el reconocimiento inherente de que el remitente había hecho un pequeño esfuerzo excepcional para que le devolvieran las encuestas y ese esfuerzo extra se vio recompensado por los destinatarios (recuerda el principio de la reciprocidad). Cuando, además, Garner añadió sus iniciales y la palabra *gracias* en la nota, la respuesta fue aún mayor. Lo interesante es que las respuestas llegaron antes y con más detalle cuando el mensaje estaba personalizado.

Rookieherramientas

Jerarquiza los contactos para lograr el máximo impacto

El contacto personal es siempre el mejor. Si es posible, haz lo siguiente:

- Si es apropiado, teniendo en cuenta tu negocio y la naturaleza del producto, visítalos. Si no es práctico…
- Llámalos por teléfono. Tienen más fuerza las llamadas desde lo alto de la organización, pero si eso no es posible, pide al asistente o secretaria de esa persona que lo haga. Si tampoco es posible, delégalo en tu jefe de ventas o en su equipo. Si ya existe una relación entre el vendedor y el cliente, que llame esa persona, pero si hubo algún problema entre ellos, que lo haga un tercero. Si tampoco es práctico…
- Envía una carta personalizada, pero recuerda que no es una opción dinámica y, por lo tanto, deberás atenerte a las reglas de la correspondencia y proponer una oferta convincente.

Rookie en acción: un esfuerzo añadido, personalizar el mensaje y hacerlo apto y convincente para un mercado específico, funciona. Puede que exija tiempo y trabajo pero, tal vez, en una crisis tal vez sea eso lo único que tengas.

Cosas que voy a hacer...

Cosas que necesito que otros hagan por mí...

Apéndice

Recorrido visual

En algún lugar, un cerebrito descubrió que las personas leen los anuncios siguiendo una secuencia o un recorrido particular. Los ojos se desplazan por el anuncio según sus diferentes apartados.

- **Imágenes**
  Las imágenes llaman inmediatamente la atención pero, ojo, deben ser coherentes con lo que dices porque incrustar una foto porque sí no hará más que fastidiar o confundir a tus clientes potenciales.
- **Titular**
  Después, los ojos se desplazan hacia los titulares. La mala noticia es que el 80% de los lectores se detienen ahí y por eso es tan importante crear un titular con gancho y convincente, que lleve al lector a seguir leyendo...

- **La esquina inferior derecha de la página**
  De ahí que suela aparecer en esta esquina el nombre y dirección de la empresa, con su logo. También puedes añadir una ventaja importante.
- **Pies de foto**
  Curiosamente, los pies de foto no suelen leerse junto con las fotos (recuerda que éste es el recorrido que sigue el ojo a través de un anuncio y que sucede en cuestión de segundos). Esmérate en la redacción de los pies de foto porque los lectores tienen el doble de probabilidades de leerlo que el cuerpo central del texto.
- **Encabezados y demás grafismos**
  A continuación, el lector se dirige hacia los encabezados adicionales y demás grafismos o ilustraciones del material de marketing. Incluye los ladillos (texto sobre las ventajas clave, tomado del cuerpo y repetido en un lugar separado) como los Rookieconsejos que podrás ver en este libro.
- **Cuerpo del texto**
  Es la parte con la menor probabilidad de ser leída, así que no dependas de ella para realizar una venta si no has trabajado antes los titulares, encabezados, pies de foto y ladillos.
  Es importante que los elementos que reciben la atención en el orden del recorrido visual se compenetren para promocionar tu producto o servicio.

Fórmula AIDA

La fórmula AIDA se utiliza en publicidad porque nos recuerda los elementos fundamentales del buen marketing y la publicidad.

- **A de atención.** Tienes que llamar la atención de alguien y, puesto que dispones literalmente de pocos segundos para hacerlo, el titular es fundamental. Los mensajes específicos para un público objetivo, que ofrezcan ventajas tangibles y una promesa sólida, son mejores en todos los casos que las afirmaciones genéricas.

- **I de interés.** Una vez que has conseguido el interés de la persona mediante el titular, el siguiente paso es mantenerlo y profundizar sobre lo que desean, que está resaltado en el titular. No aburras al lector y centra el mensaje en él.
- **D de deseo.** ¿Tu marketing provoca el deseo de tu producto? ¿Estás planteando una oferta convincente e irrechazable? El lector debe reconocer una necesidad y entender que tú eres la solución.
- **A de acción.** Debes decirle lo que tiene que hacer y no des por supuesto que vaya a buscar tu número de teléfono en la letra pequeña ni mucho menos encontrar un sobre y escribir en él tu dirección. Dale toda la información y los recursos que necesita para pasar a la acción inmediatamente. Escribe tu teléfono en números grandes y, cuando te llame, en lugar de pedirle que espere a un operador, dile que todos están ocupados y que vuelva a llamar. Lo segundo ha demostrado aumentar el índice de respuesta, al activar el principio de la aprobación social (si hay más gente llamando, debe de ser bueno). Asegúrate de dar varias opciones de contacto: teléfono, correo postal y electrónico si es posible, para que puedas atender a las distintas preferencias de comunicación.

Consejos para el titular

El titular puede formular una pregunta o despertar la curiosidad, pero estas técnicas raramente atraen la atención y la mantienen por sí solas. Combínalas con un toque de interés propio de toda la vida, lanzando promesas audaces y ateniéndote a ellas. A continuación, encontrarás una selección de palabras mágicas y trágicas. Como sus propios nombres indican, las mágicas añaden poder e impacto a tu titular, mientras que las trágicas hacen que los lectores miren hacia otro lado.

Palabras mágicas que atraen a los lectores:

Gratis.	Revolucionario.	Ganga.
Nuevo.	Milagro.	Plazo limitado.
Cómo.	Secreto.	Última oportunidad.
Ahora.	Magia.	
Anunciamos.	Oferta.	Ahorra dinero.
Presentamos.	Fácil y rápido.	Descubre.
Recién llegado.	Sencillo.	Demostrado.
Mejoría.	La verdad sobre.	Garantizado.

Palabras trágicas que repelen a los lectores:

Compra.	Decisión.	Fallo.
Obligación.	Negocio.	Coste.
Pérdida.	Responsabilidad.	Contrato.
Difícil.	Complicado.	
Error.	Muerte.	

Tal vez parezcan manidas, pero funcionan (compruébalo tú mismo).

Pago por clic

Si deseas más información sobre el pago por clic y su utilidad para tu empresa, visita Google AdWords, que contiene tutorías e incluso un programa llamado Jumpstart que te ofrece soporte telefónico gratuito con un experto de Google. Así podrás ponerte en marcha enseguida y responder a tus preguntas por un entendido.

Programas de código abierto

Los entornos de aplicación para sitios con código abierto más populares son DotNetNuke (DNN) y Joomla. Ambos ofrecen la solución ideal para crear y gestionar páginas interactivas. El código abierto significa que son gratuitos, lo cual es la guinda tratándose de un sitio económico. Son fáciles de usar y no hace falta entender lenguajes ni códigos de programación. Las páginas que sirven para llenar el sitio tienen el aspecto de una aplicación corriente de procesado de textos y son sumamente versátiles en la oferta de módulos básicos para subir desde textos e imágenes hasta blogs o cestas de la compra. También cuentan con un buen apoyo a través de foros en Internet y portales de recursos, para que puedas preguntar y desarrollar la página a medida que vayas adquiriendo conocimientos. DNN y Joomla ofrecen recursos vanguardistas gracias a los miles de programadores independientes que han creado módulos nuevos y apasionantes, y diseños (pieles) asombrosos, disponibles a un precio reducido en páginas como snowcovered.com (DNN) o joomlashowroom.com (Joomla).

Wordtracker (www.wordtracker.com)

Esta aplicación te permite optimizar el contenido de tu página mediante las palabras clave más populares para tu producto o servicio, localizando los términos de poco uso, generando miles de palabras clave pertinentes para mejorar las campañas de búsquedas orgánicas y pago por clic, buscar mercados en Internet, encontrar oportunidades de nicho y aprovecharlas antes de que lo haga la competencia. También cuenta con una academia que te enseñará a utilizar esta herramienta con efectividad mediante tutorías en línea, aparte de la guía de usuario en PDF que puedes descargar. Mientras escribo esto, si introduces Wordtracker en Google y pinchas en «herramienta gratuita de sugerencia de palabras clave» debajo de la entrada de Wordtracker, aparece un enlace que ofrece la versión completa durante catorce días por un dólar, un plazo suficiente para tu análisis de palabras clave. Si la oferta no sigue en pie, busca en su sitio porque suele contener alguna oferta interesante por ahí escondida. La página te anima a descargar la prueba gratuita, pero tienes que introducir los datos de tu tarjeta de crédito y cancelar el pedido pasada una semana. Las demás ofertas siguen en la página pero son menos obvias porque Wordtracker conoce muy bien el poder de la apatía y mantiene la esperanza de que olvides cancelar el pedido. Wordtracker presta un servicio excelente, así que cuando hayas confirmado su utilidad, en tu caso concreto mediante una oferta de introducción, te animo a que te suscribas al menos una vez al año para revisar y actualizar tus palabras clave si es necesario.

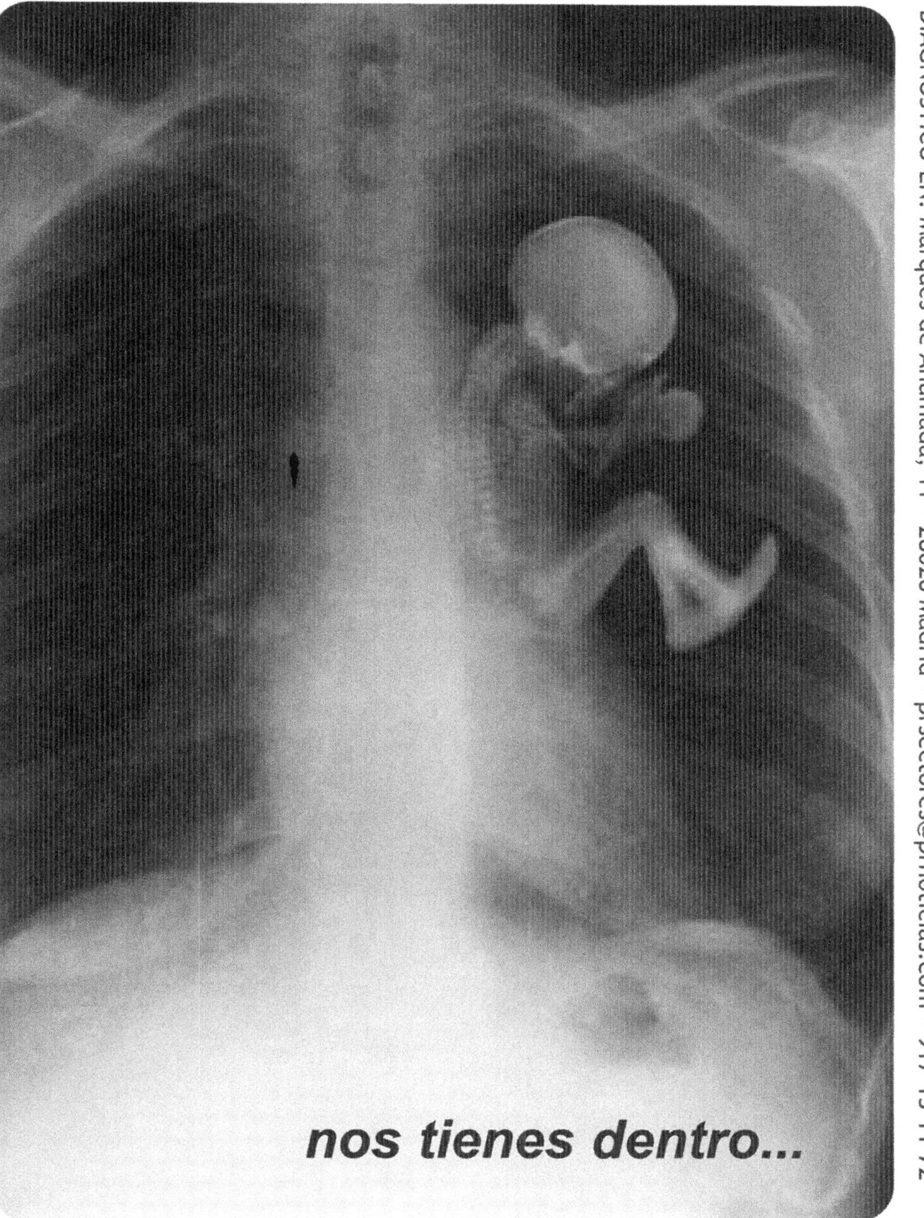

DIAGNÓSTICO EN: Marqués de Ahumada, 11 - 28028 Madrid - prsectores@prnoticias.com - 917 13 11 72

DIAGNÓSTICO EN: Marqués de Ahumada, 11 - 28028 Madrid - prsectores@prnoticias.com - 917 13 11 72

prmarketing

de

prnoticias.com